Lasse Los

Oh Jesses! Dieser Jesus!

Annäherungen

AF284686

Lasse Los, Jahrgang 1947, Diplompädagoge und Psychologe, Liedermacher und Dichtender, kurzum: Passionierter und mittlerweile pensionierter Mitmensch, beruflich in verschiedenen sozialpädagogischen und psychologisch beratenden Feldern, auch spirituell begleitend, kreativ tätig gewesen, seit etwa dreißig Jahren seine Lebensweisheiten (ver)dichtend aktiv.

Verheilandete Antworten

Waches Fragen, stilles Lauschen
möchte ich mir stets bewahren.
Und ich möchte es nicht tauschen
gegen die vermeintlich klaren
Antworten, die schon gegeben
als Verkleidung für ein Leben
im Beantwortbaren.

Der Versuch der Antwortfindung
endet meist im Glaubenskampf,
in parteiischer Verbindung,
in dem voreiligen Krampf,
Sicherheitsbedürfnissen
in geistigen Zerwürfnissen
Vorrang zu verschaffen.

Ich verweig`re mich dem Glauben
an verheilandete Antwort,
lass` die Fragen mir nicht rauben,
lausch` so lang` in einem fort,
bis ein Lichtendes sich rührt
und mich hin zur Einsicht führt
in gelebtes Leben.

Waches Fragen, stilles Lauschen
möchte ich mir stets bewahren.
Und ich möchte es nicht tauschen
gegen die vermeintlich klaren
Antworten, die schon gegeben
als Verkleidung für ein Leben
im Beantwortbaren.

LASSE LOS

OH JESSES! DIESER JESUS!

AN-NÄHE-RUN-GEN

GEDICHTE-TEXTE-WORTBILDER

Bibliografische Information der Deutschen Nationalbibliothek:
Die Deutsche Nationalbibliothek verzeichnet diese Publikation in der
Deutschen Nationalbibliografie; detaillierte bibliografische Daten sind im
Internet über http://dnb.dnb.de abrufbar.

© 2021 Name des Autors/Rechteinhabers: Lasse Los

Covergestaltung: Lasse Los
Edition LOS Band 18
lasselos@email.de

Herstellung und Verlag:
BoD - Books on Demand,
Norderstedt

ISBN: 978-3-7526-8488-9

Der Landstreicher von Nazareth
oder
Jeshuanische Präsenz

Wer auf den Nazarener sich beruft,
der darf doch keine Herrschaftskirche gründen!
Denn in ihr wird er ihn nicht wiederfinden,
auch wenn er ihn als Gottessohn einstuft!

Der liebestolle Landstreicher von Nazareth,
durchglüht von seiner Gottes-Leidenschaft,
er wollte nicht, dass man ihn gläubig nur begafft
und ihn verklärt auf klerikahlem Totenbett.

Die liebende PRÄSENZ hat er verkündet,
sie komponiert als einen Papa-Gott,
der allpräsent und liebend sich verbündet
mit dem Lebendigen und wider allen Trott.

Sein radikaler Aufrichtungszuspruch,
er bleibt gefährlich für alle Herrschafts-Cliquen.
Auch wenn sie immer wieder in den Tod ihn schicken:
Er aufersteht erneut aus dem Zusammenbruch.

Wer auf den Nazarener sich beruft,
wie kann der eine Herrschaftskirche gründen?
In ihr wird er ihn niemals wiederfinden,
auch wenn er ihn als Gottessohn ausruft!

Inhalt — Seite

Vorwort

In diesem Band präsentiere ich in Gedichten, Wort-Bildern, eigenen Texten und ausgewählten Zitaten einen bunten Strauß der Ergebnisse meiner fast 50jährigen Annäherung an die Jesus-Gestalt und ihre gewandelten Auswirkungen auf mein Denken und Erleben.

Dabei greife ich auch auf einige Texte und Gedichte aus meinen früheren thematisch verwandten Büchern zurück: „R-Ausgeflogen" und „Der GEIST weh(r)t (sich), wo er will!" *(Siehe im Anhang unter: Bisher in der Reihe Edition LOS erschienen!)*

Die Gedichte, Texte und Zitate sind unter den jeweiligen Schwerpunkten alphabetisch oder auch bunt angeordnet. Die dadurch bedingten thematischen Sprünge können beim Mit- und-Nachdenken ein meditatives Innehalten auslösen. Das gibt dem Ganzen seine eigene Würze.

Einstimmung

Welchen Jesus meinst Du denn?

Wel-

chen Jesus

meinst Du

denn,

wenn Du DEN-JESUS nahelegst?

Einen, den ich so nicht kenn`,

den

Du in

Deinem

Geiste hegst?

Jesusbilder gibt`s so reichlich,

wie Gruppen, die sich darum scharen:

Von siegeshart bis kuschelweichlich,

worin sie je Sich-Selbst erfahren.

S y m b o l ist jedes Jesus-Bild

als Urbild der Kreuz-Plus-Gestalt.

Gewahrst Du seinen UR-Gehalt,

ist all` Dein Nachfragen gestillt.

Denn Du fragst nun nicht mehr eventisch.

Die Antwort schenkt sich Dir präsentisch.

Prolog

Joseph Campbell,
ein bedeutender Mythenforscher des
20. Jahrhundert zur symbolischen Sicht auf Jesus:

„Vom Standpunkt einer vergleichenden Untersuchung symbolischer Form aus spielt es keine Rolle, ob Christus oder der Buddha tatsächlich jemals gelebt ... haben. ... Das religiöse Schrifttum der Welt ist überreich an Gegenstücken zu den Lebensläufen dieser Großen. Ihnen allen kann man entnehmen, dass ... der Erlöste derjenige ist, der gelernt hat, den Schutzwall innerer Ängste zu durchstoßen, die uns übrigen für gewöhnlich sowohl beim wachen Nachdenken als auch beim nächtlichen Traumgedanken jede Erfahrung des ... Grundes unserer selbst und der Welt verschließen.

Die mythisch aufbereiteten Lebensschilderungen solcher Heilande übermitteln die Botschaft von ihrer

weltüberwindenden Weisheit in
wortüberwindenden Symbolen -
[Fett gedruckt von mir]

die dann ironischerweise in der Regel wieder in solche ausformulierten Gedanken rückübersetzt werden, aus denen die inneren Wände ursprünglich gebaut waren. Ich habe gehört, wie gute christliche Pfarrer junge Paare bei der Trauungszeremonie ermahnten, in diesem Leben so zusammenzuleben, dass sie in der künftigen Welt des ewigen Lebens teilhaftig würden, und ich dachte bei mir: Herrje! Würde das passendere mythische Mahnwort nicht lauten, sie sollten ihre Ehe so führen, dass sie

in
dieser **Welt**
das ewige
Leben
kosteten?
[Fettdruck von mir]

Denn es gibt in der Tat ein ewiges Leben, eine Dimension bleibender menschlicher Werte, die dem reinen Akt des Lebens selbst schon innewohnt und die zu erfahren und zugleich zu verkünden Menschen zu allen Zeiten gelebt haben und gestorben sind. Wir alle verkörpern diese Werte, ohne es zu wissen, und die Großen unter uns sind schlicht jene, die zu ihrer Erkenntnis erwacht sind."

(In: Joseph Campbell:
Lebendiger Mythos, München 1987, S. 38/39)

Geschichten über
Jesus

Ob
Jesus so
historisch war,
wie es von
ihm
berichtet wird - wenn er denn historisch war -
ist in Vielem nicht so klar. Was ist daran
wirklich wahr? Die Geschichten
über Jesus, den
ge-glaub-ten
Christus, sind
Ge~schich~ten,
nicht Ge-schich-te,
wenigstens größtenteils.
Und wie wahr sie sich erweisen,
hängt ab vom Glauben des Betrachters.

Als
er sprach:

" Werdet Menschenfischer ! "

empfahl er da

oder

Auffangnetze?

Lasse Los

R-**Ausgeflogen**

Trotz vieler Klerikahl-Querelen
ließ ich mich oft davon beseelen,
im Geist des J e s h u a zu leben,
an Mitmenschlichkeit mit-zu-weben
in meiner eigenen Lebenswelt
und meinem weiten Arbeitsfeld.

Die Kirche wählte ich bewusst
als Wirkungsort, trotz allem Frust,
von dem mir andere erzählten,
die sich schon lang` in Kirche quälten.
Ich habe nicht auf sie gehört,
hab` mich mit Illusion betört.

Drum musst` in fünfundzwanzig Jahren
ich selbst am eigenen Leib erfahren,
wie sehr der Geist des Jeshua
sporadisch nur anwesend war
im kirchgetrübten Alltagstrott,
obwohl man an ihn glaubt als Gott.
(Vielleicht auch gerade deswegen?!?)

Ich knüpfte manch` ein Lebensband
und leistete auch Widerstand dem
Nur-So-Tun-Als-Ob-Verkleben
bei manchem klerikahlen Streben
nach Macht, getarnt in Brudermienen.

Wer herrschen will, soll anderen dienen!

So hat es Jeshua gelehrt!
Und weil ich immer ihn verehrt,
hab` ich versucht, mich dran zu halten,
geschwisterlich nur mit-zu-walten.
Mit denen, die mir anvertraut,
hab` ich ein Lebenshaus gebaut.

Hier konnten sie sich frei entfalten
in ihren menschlichen In-te-res-sen.
Hier brauchten sie sich nicht zu messen
beim schöpferischen Mit-ge-stal-ten.
Hier schlichteten wir schnell den Streit
und übten uns in Freundlichkeit.

Doch weil es Jugendliche war`n,
die sich nur selten vor den Karr`n
der Kirchenzukunft spannen wollen,
verstärkte man das Kirchen-Grollen:
Die Jugend kirchlich **aus**-zurichten
und wieder strenger anzubinden,
anstatt sich mit ihr **auf**-zurichten,
um Zugang zu ihr neu zu finden.

Das Ringen wurde nicht im Geist
des Nazareners ausgetragen!
So ist das Klima bald vereist.
Es schlug auf`s
Herz, begann zu nagen
an meiner Seele Gleichgewicht.
Ich nötigte mich zum Verzicht
auf das, was mich beinah` verbogen:

Aus klerikahlem Zank und Streit
hab` ich mich dann zurückgezogen,
mich meiner Arbeit nur geweiht.
Die finanziell, das sei ganz nebenbei
bemerkt, sich fast aus dem nur speist,
was man im Sprachlichen sehr frei
die „Öffentlichen Mittel" heißt.

Ich ließ mich nicht als „Pfaffenbimbo"
steuern! Drum suchte man nach
Gründen, mich zu feuern!

„Wer suchet, wird auch finden!"

Und so fand man was, dramatisierte es!
Verbannt wurd` ich in überhasteter Aktion!
Des neuen Besens fromme Oberhand herrscht
nun und mit ihm auch ein anderer Ton!

Ob der jedoch auch Jugend findet, die
sich ja kaum noch kirchlich bindet,
das müssen jene erst beweisen,
die mich aus meinen Arbeitsgleisen
in Arbeitslosigkeit verstießen,
mich Ungewissem überließen.

(Aus: „Lasse Los: R-Ausgeflogen -
Ein bunter Abgesang auf einen Kreuzweg in und aus
der real existierenden Kirche" - BoD Norderstedt 2016)

Auf-**Richten**

Richte nicht den Verlauf!

Richte
Dich vielmehr auf und
be-
richtige
den L-a-u-f !

Nur so zahlt niemand drauf!

(angelehnt an das Jesuswort vom Nicht-Richten:
„Richtet nicht, damit ihr nicht gerichtet werdet!" Mt 7,1)

Befreiung-frei-Haus

Ein
freiender
Befreier
befreit
die
zu
Be-
freien-
den frei
Haus

und
von-sich-
selbst.

*(Das überlieferte
Jesus-Bild ist das
eines freienden
Befreiers)*

Bundes-
verdienstkreuz
für
Jesus?

Was wohl würde Jesus sagen,
wenn man ihm das

Bun-
desver-
dienstkreuz
verleihen
wollte?

„Selig
sind die,
die
in meinem Kreuze(smythos)
garen
und nicht
nach anderen
Kreuzen gieren!"

Die Frommen

Sie haben Dich Du Machtloser, jedoch in Vollmacht
Lebender und Lehrender, in Deiner friedlichen,
befreienden Lebendigkeit nicht ausgehalten.
Und folgerichtig haben sie Dich nach
Deinem Tode auf ihre Maße
reduziert und Dich zum
Herrn erklärt mit
dem Allein-
vertre-
tungs-
anspruch
für das, wo-
rum es eigentlich im
Leben und im Sterben
geht. Und folgerichtig
sind sie mit jedem un-
nachsichtig, der dem
zurechtgestutzten
Anspruch wider-
spricht und
im Ver-
stehen
Dei-
ner
ihnen
widersteht.
Und folgerichtig
verfolgen sie ihn, wie
auch Du verfolgt wurdest,
und züchtigen ihn, wie auch Du
gezüchtigt wurdest, und wenn er nicht
einsichtig ist in ihre Sichten, dann scheuen
sie auch keine Tötung-jedweder-Art, sowie
auch Du getötet wurdest, und zwar gleich viele
Male und damit gründlich, so dass es schwer ist,
durch ihre kalten Brillen Deiner Auferstehung-
vor-den-Toten menschgemäss ansichtig zu werden.

Die Jesus-Klage

Wie
Könnt` Ihr nur
mein vollmächtig auf-
gerichtetes, liebestolles
Pilgerleben, eingerichtet
in Ohnmacht, auf-
gerichtet in
Vollmacht,
hingerichtet von eingebildet angemaßter Allmacht,
versunken in der Allnacht, wieder aufgerichtet
in den Herzen der Ohnmächtigen als
aufrichtende und befreiende
Vollmacht, wie Könnt`
Ihr nur ein solches
Leben umdeuten im
Dienste Eurer Kleinen,
miesen, ohnmächtig neuro-
tischen Allmachtsphantasien
und so die Vollmachtsuchenden
mit Eurer angemaßten Allmacht,
die sich auch noch auf mich beruft, so
in die Irre führen und ausgerichtet abrichten?!

Die Lauteren

Die
Lauten
werden die **Leisen** sein!
Die
Leisen
werden die
Lauteren sein!

*(Abwandlung eines Jesus-Wortes
von den Ersten und den Letzten:*

"So werden die Letzten die Ersten sein
und die Ersten die Letzten." Mt.19,30"

Dazu ein Aphorismus von H. D. Hüsch:
*„Die Letzten werden die Ersten sein,
die Ersten werden die Verletzen sein."*

erLÄUTERN

Jesus,
der Menschenfreund, spricht:
Ich bin nicht gekommen,
Euch alles zu erläutern -
dann hätte ich Bücher
geschrieben!

Ich bin
gekommen,
Euch alle zu läutern!

*(Geheime Worte Jesu aus
den Inspirationen meines Herzens)*

Es ist zum Erbarmen!

Nicht zuallererst beim Menschen
auf`s *Erbarmen bauen,
sondern primär jeden Menschen
im Erbarmen schauen.

Im Erbarmen ihn erspüren.
Mit Erbarmen ihn berühren.
Ihn so zum Erbarmen führen.

Bis er im Erbarmen lebt,
manchmal vor Erbarmen bebt.
Im erbarmenden Vertrauen
nun auf sein Erbarmen bauen!

*[*statt Erbarmen Präsent(-)sein, siehe dazu:
Meine präsentosophische Sicht - S.80 ff]*

Geheimes Jesuswort

Ach,
ich werfe mich
der ALLEINEN LIEBE
in die Arme und verwerfe dabei
jede Unterwerfung
unter jeden
und
auch
unter sie!

*(Geheime Worte Jesu aus
den Inspirationen meines Herzens)*

Imposant kompoⁿ_{st}iert

(Intoniert - Intonisiert - Inthronisiert)

In-

toniert

als auferstanden,

war nichts mehr zu

exhumieren!

Und

befreit aus solchen Banden, konnt` man ihn nun posthumieren:

Auferstehung postulieren   +   als Heiland ihn postieren,

um als Jünger zu posieren, ihn der Welt zu implantieren

und

damit zu

im-po-nie-ren,

um im Polarisieren

und auch Politisieren

jene mürbe zu polieren,

die mit ihm opponieren

und auch polemi-

sieren

gegen alles

posthumanisierende

Porträtieren, Postulieren

und Postieren mit Posieren.

Im Richten aufrichten

Wer
mich nicht liebt,
darf mich nicht richten.
Und wer mich liebt,
wird drauf ver-
zichten.
Geb` ich
ihm Anlass,
mich zu richten, wird
liebend er und frei von Hass,
im Richten stets mich aufrichten.

In Menschen-ART

ER war nicht auf der Welt,
um so zu sein, wie Ihr ihn wollt`,
auch wenn`s Euch nicht gefällt,
Ihr ihm deswegen manchmal grollt.
ER war nicht auf der Welt,
um das zu tun, was alle tun,
was in der Masse zählt,
WAR ADLER
und kein
Massen-Huhn.
ER war nur auf der Welt,
um DA-zu-sein in Menschen-ART.
So wird die Welt durch ihn erhellt.
SEIN LICHT, das bleibt uns nicht erspart!

(Für Jesus, Buddha und die anderen Lichtgestalten)

Jesulatrie

Jesus only?
Jesus one-ly?
Lonely Jesus!

Jesus war ein
Swinga-
goge

Jesus
war ein
Swingagoge.
Er lebte sein
swingen-
des
Menschen- und Gottesbild gegen die Zwinga-
gogen seiner Religion und seiner Gesellschaft.
Das hat ihn sein Leben am Kreuz gekostet.
Seine
Anhänger
aber haben
erfahren, dass das
Swingende stärker ist
als das Zwingende,
und so ist er für sie
in ihrem Herzen
auferstanden.
Die Kirche
jedoch ist wieder
abgesackt ins Zwingende.

Jesusgeschichten

Nicht

wörtlich sondern

wirklich

nehmen.

Jesus-Torheit

Die
einen singen
es uns
vor:
Für uns ist er d a s   T o r des Lebens!
Die anderen
singen
laut
im
Chor:
Für uns
ist er ein
Tor des Lebens!

Jesus zum Geburtstag

Man brauchte Dich heut` nicht mehr umzubringen!
Du würdest Dich von selbst zu Tode kotzen!
Ein Glück, dass Du nicht siehst, wie jene protzen,
die Dir zum Lobe in den Kirchen singen.

Der Wucher-Wahn hat alle infiziert!
Auch Deine Jünger schlemmen eifrig mit!
Und merken gar nicht, was sie da verführt!
Sie halten mit dem Nekrophilen Schritt!

Man brauchte Dich heut` nicht mehr umzubringen!
Du würdest Dich von selbst zu Tode kotzen!
Ein Glück, dass Du nicht siehst, wie jene protzen,
die Dir zum Lobe noch in Kirchen singen!

Machtvoll oder in Vollmacht?

Machtvoll macht wohl
letzten Endes alles
nur zunichte.

Machtlos
doch in Vollmacht
macht wohl letzten Endes
vieles liebenswerter.

Mein Jesus-Bild

Ich
finde mich
zu Euch gesandt,
um im Getriebe
Sand zu
sein.
Um allen, die zu lange schon erniedrigt zum
Getriebeöl, egobereit nur vegetieren
in sandvergessener Ver-
legenheit, ihre
Würde
vorzufüh-
ren, sandig-
würzig, so dass es
im Getriebe knirscht, bis
Menschlichkeit, getriebeweit,
im Miteinander herrschen wird.

Menschen-LIEBE

Ich möchte,
dass Ihr glücklich seid,
dann bin ich auch zufrieden.
Ich möchte Euer Lebensleid
mit Euch durchstehen, entschieden
an Eurer Seite auftreten gegen
alles, was Euch kränkt, was
Euer Leben abwärts lenkt
und was Euch ungebeten
in die falschen Zonen lockt,
die Euch nur erblinden lassen,
Euch in neue Engen fassen,
bis das LEBEN-SELBER blockt
und Ihr Euch in Leiden plagt,
falls Ihr Euch nicht weiter wagt,
Euch endgültig zu vertonen in
den aufrichtenden Zonen.

*(Geheime Worte Jesu aus den
Inspirationen meines Herzens)*

Moderne Kreuzigung

Wer seine

Plus-

gestalt entfaltet, läuft in Gefahr,

an

ihr ge-

minus-✝

zu wer-

den.

Nachfolge

Jesus

ist   ein

Ur-sprüng-

ling!

Nachfolge bedeutet nicht, nur ein Abkömmling zu sein,

sondern sich ins

Original

im

Ur-Sprung

zu verwandeln

in einen Ursprüngling.

Näher an der Wahrheit?

„Ich aber sage Euch!"
belehrt uns
Jesus.

„Ich aber frage Euch?
entleert uns
Sokrates.

Wer nun ist näher an
der Wahrheit?

Oder ist
die Frage
falsch gestellt?

Neuer (An)Strich

Jesus,
jener liebestolle
Landstreicher von Nazareth,
der als Freund und Helfender
durch unsere Geschichte streift
und so vieles in ihr streicht, was
uns knechtet, bindet, fessel,
der uns die Verfehlungen
niemals anstreicht sondern
vielmehr unser Leben
mit all`
dem,
was
er lebt,
neu erweicht
und bestreicht.

Ohnmächtig-ohnnächtige Vollmacht

In der Wüste Deines Lebens

hast Du mit ihr gerungen

um jenen rechten

Weg.

In

der Allnacht

Deiner Ohnmacht

hast   Du   alle   Allmacht

entschieden von Dir abgewiesen,

Dich entschieden für den Weg der

ohnmächtigen ohnnächtigen Vollmacht.

Sei doch nicht nur normal!

Sei doch nicht nur normal!
Und streichele die Seelen
der Gegner und
Deiner
Feinde auch
in Deiner Fantasie,
so dass der Hass sich Dir
entzieht und ihre Bilder in Dir
sich freundlicher gebärden.
Denn nur so werden Dir
jene Kräfte auch geboren,
in denen Du gegoren,
verwandelt wirst,
dem Gegner
und dem Feinde
durchlöster zu begegnen,
um so vielleicht die Gegner-
schaft ein wenig zu entfeinden
und auch so manche Feind-
schaft um Grade zu entgegnern.

Sich - eln

Wer

sich absichern will,

sichelt

SICH ab.

*(Geheime
Worte Jesu aus
den Inspirationen meines Herzens)*

Wahr-
iationen zu dem
überlieferten Jesus-Wort
vom Nicht-Richten

Richtet nicht,
damit ihr nicht
gerichtet werdet!

Richtet nicht aus,
damit ihr nicht
ausgerichtet
werdet!

Richtet nichts an,
damit ihr nicht
angerichtet
werdet!

Richtet nicht ab,
damit ihr nicht
abgerichtet
werdet!

Richtet nicht hin,
damit ihr nicht
hingerichtet
werdet!

Richtet auf,
damit ihr auch
aufgerichtet
werdet.

Wer *kirchliches Miillieu* verstimmt

Nur
sonntags
lassen sie
Dich
raus aus ihrem ehrwürdigen Buch.
Für eine Stunde
im Gottes-
haus
der
abge-
schmackte
Selbstversuch,

Dich mundgerecht
ins Wort zu heben, so
dass es gottesfürchtig tönt,
verbürgerlicht Dich einzuweben
in das, womit man sich verwöhnt.

Und nach der Sonntagslitanei wirst Du
ins Buch zurück gebannt. Nur selten wirst
Du auch erkannt im alltäglichen Einerlei.

Wer Dich in anderen Menschen schaut und
Dir dann lauscht und Dich vernimmt,
wer Dir vertraut und auf Dich baut,
der wird gefährlich, er verstimmt
das kirchliche Miillieu.

(Für Jesus von Nazareth)

Zum Gott-verdacht

Er war ein Mensch, der Galiläer.
Mitmenschlichkeit hat er entfacht.
Doch seine Jünger waren zäher.
Sie haben ihn zum Gott gemacht.

Im Mythos wurde er erhoben,
das My-thi-sche his-to-ri-siert.
Das Ganze wurde neu verwoben
und als „Der-Glaube" uns serviert.

Was würde wohl der Galiläer
zu diesem Vorgang heute sagen,
könnten wir ihn noch befragen?

Er würd` wohl wie ein Eichelhäher
aufschreien und Alarm schlagen,
dass die, die bisher an ihn glaubten,
sich selber niemals mehr erlaubten,
ihn so verfälscht weiterzutragen.

Meine Christus-Sicht

Als man(n) ihm
- im Glauben an ihn -
die Worte in den Mund gelegt:

beschrieb man(n) ihn da als

oder als

Christus-Jesus-Archetyp

In Kreuz-Plus-Haltung gelebt!
Deshalb an das Kreuz geschlagen
und getötet.   Nach dem Tode
ausgezeichnet   sich   geeignet
als der in Kreuz-Plus-Gestalt
Ausgezeichnete vor allen.

Christus-Jesus-Mythos

In
Plus-
gestalt aufgerichtet
Von Kreuzgewalt hingerichtet
Im Mythos auferstanden
als
kreuz-
überwindende
Kreuz-Plusgestalt.

Das Bild vom Menschen-Mensch

Es ist das Bild vom Menschen-Mensch,
vom allseitig entfalteten,
vom immer neu Verbindenden
in seiner Menschen-Menschlichkeit,
der mich, den immer Trennenden,
in heilender Verbundenheit
ganz ohne Wenn und Aber findet
und mich geduldig stimmt,
die Trennungsschläge auf sich nimmt,
sie stellvertretend überwindet
und mich ins Bild der Menschenliebe
kaum überwindbar einbindet.

**Das
„Christus-
Er-
eignis"**

Das
**„Christus-
Er - Eignis"**
wurde zwar schon **aufgenommen**,
aber **nicht wirklich
angenommen.**
Dies
steht noch aus
in der **Transformation**.

Der Menschen-Mensch
oder:
In aufrichtender Durchlöse

Jetztseits nur bin ich Euch
Licht der Welt, Salz der Erde,
Tor zum Leben,
aufrichtende Durchlöse.

Diesseits aber bleibe ich
jenseits von ihm unerkannt,
bildgebannt im
richtenden Getöse:

Wenn Ihr Euch nicht überragt
jetztwärts richtet, mich mit Euch
im Jetztseits sichtet und
den Sprung ins Jetztseits wagt.

Jetztseits nur seid auch Ihr
Licht der Welt, Salz der Erde,
diesseits in der Aufrichtung,
jenseits aller Ausrichtung
im abrichtenden
Getöse.

(Für Christen
ein Christus-Gedicht!
Für Nicht-Christen oder Nicht-Mehr-
Christen ein Menschen-Mensch-Gedicht!)

Es
widerfuhr mir
die Durch-
lösung

Es
widerfuhr
mir die Durchlösung
im Blick auf das Symbol von dem
„gekreuzigten und auferstandenen Christus",
von dem der Christen Mythos kündet.
Der Mythos hat mich nicht erlöst,
vielmehr im
Umkehr-
blick
auf ihn die
Widerfahrnis
der PRÄSENZ.

Geheimes Christuswort

Nun,
Christus spricht:
Ich such in Euren Kirchen nicht
den Aufzug, den Ihr mir bereitet.
Ich such vielmehr den Aufgang meiner,
der Euere Herzen
weitet,
Befreiung,
die im Alltag
Euch aufrichtend
begleitet.

Heil im Plus

Für
Euch hat
sich des Lebens Plus
in Euerem Jesus inkarniert.
Er ist der mythische Christus,
der Euer Minus stets storniert
und Euch am Kreuz zum
Heil im
Plus
in seiner
Auferstehung führt.

Historische Wendung

Hätte
ihn   sein
Glau-
be
nicht gewendet, wäre er wohl nicht
am Kreuz verendet!
Und
auch nicht
im Mythos auf-
erstanden! Somit
als Erlöser nicht
vorhanden!

Jesus als Christussymbolträger

In Kreuz-Plus-Haltung gelebt, auf-
gerichtet, zugewandt. Nach Ur-
Menschlichem gestrebt in der Voll-
Macht der Liebe. So durchkreuzt,
was er stets vorfand, all` die
Liebe zur Macht und
das Macht-
ge-
schie-
be,
das
ihn bald
schon umgebracht
wegen seiner Umtriebe.

Und
in Kreuz-
haltung ver-
reckt!
Nach dem Tode dann entdeckt als
D E R   M E N S C H
in Vollgestalt,
der trotz
aller Kreuz-
gewalt   immer
wieder aufersteht wie
der Phönix aus der Asche.

ICH - BIN - SEIN

An
den Lebens-,
Leidens- und Sterbens-
geschichten des Nazareners
hat die Menschheit das erste Mal
in ihrer Geschichte
ihr inkarniertes
ICH - BIN -
SEIN
gewahrt
und über Paulus als
In-Christus-Sein bezeichnet.

Kosmische Barmherzigkeit

Du lebtest die Barmherzigkeit
ganz ohne Wenn und manches Aber,
ent-fach-test einen Glaubensstreit
gegen das Sakralgelaber, das nur
die Herrschaft sichern soll,
sakral und säkularisiert.

Die Herrschenden
in ihrem
Groll,
sie
haben Dich
bald massakriert.

Die Überlieferung tut wohl:
Du hättest noch im Todesbeben
den Peinigern den Mord vergeben.
Du auf-er-standst als Ur-Symbol
der kosmischen Barmherzigkeit:
Für Deine Zeit, für alle Zeit!

Kruzifix-Symbol

Das
stille
stumme
Leidensantlitz,
Symbol für alles Leid der Erde,
entzündet jäh im Umkehrblitz den
aufwallenden Mitleidskick,
von dem ich neu
geläutert
werde zum
stetigeren Um-
kehrblick, gepaart
mit helfender
Gebärde.

Kosmischer Christus
Oder:
LEBENs-Kreuz und TODes-Kreuz

Vom ver-
bindenden Muster
ins Chaos gesenkt. Im Chaos
sich an verbindendes Muster gehängt.
Das Chaos mit verbindendem Muster gemengt.
Mit verbindendem Muster das Chaos getränkt.
Vom Chaos am verbindenden Muster gehenkt.
Am verbindenden Muster
im Chaos versengt.
Dem Chaos das
verbindende Muster
geschenkt. Das Chaos ins
verbindende Muster eingerenkt.

Nachfolge,
nicht Nachahmung

Sich
Mit-Jeshua
Im-Christus-Sein aufrichten
und nicht sich
an Jesus
und an
Christus
ausrichten!

Neues Christusbild

Nicht Bruder,
sondern Zwillingsbruder,
ist er von Dir, Dein HERR!

Nun, Christus spricht

Nun,
Christus spricht:

Ich such` in Euren Kirchen
nicht den Aufzug, den
Ihr mir bereitet.

Ich such` vielmehr
den Aufgang meiner,
der Eure Herzen weitet.

Befreiung, die im Alltag
Euch aufrichtend begleitet.

Prophezeiung

Weder die
katholische noch die
protestantische noch die orthodoxe
Kirche werden die Evolution
des Bewusstseins
überleben.
Das
holonisch
übergreifende
Christusbewusstsein
wird aus ihnen auferstehen
in ungeahnter uralt-neuer Weise.

Wahre-Freiheit-in-Christus?

Ausgerichtet an Christus,
ihrem christlichen Glauben,
ihrer christlichen Gemeinde
er~leb~te sie plötz~lich die
Wahre-Freiheit-in-Christus
in der Aufrichtung in ihm.

Nach einer kurzen Seligkeit
erschrak sie über ihre Freiheit,
denn jäh wurde ihr bewusst,
dass ihre Aufrichtung eine
Auflehnung gegen ihre
antrainierte Ausrichtung
an Christus-Jesus war.

Und so zog sie sich erschrocken
wieder zurück ins Sicherheitsschloß
der christlich-heimatlichen Ausrichtung
und immunisierte sich und andere
gegen jenen seligen Schrecken
jeder Aufrichtung in Christus.

Brief an einen Freund aus der Studentenzeit (1983)

Lieber Heiko!

Wie sehr habe ich mich auf das Wiedersehen mit Dir gefreut, und wie war ich dann betroffen von Deiner Hoffnungslosigkeit und Deinem Zynismus. Wo ist Deine starke Hoffnung auf positive Veränderung, mit der Du mich oft angesteckt hast während unserer gemeinsamen Studentenzeit? Wo ist Deine Lebensfreude, wo Dein Lachen über die Unverbesserlichen? Wo ist Dein befreiender Humor geblieben, mit dem Du uns oft aus bedrückten Stimmungen herausgeholt hast?

Du gibst der Menschheit noch ein paar Jahre bis zum kollektiven Selbstmord im Atomkrieg. Du sprichst vom gemeinsamen Verdampfen und Verglühen. Du hältst alles Engagement für lächerlich, weil der Untergang nach Deiner Meinung im System programmiert sei. Du spürst keinerlei Verantwortung mehr, sagst Du. Du willst in den paar Jahren, die Dir noch bleiben, ganz für Dich selbst leben. Deine Worte und der Klang Deiner Stimme, sie haben mich geschockt, Ich war wie gelähmt, erschrocken, gebannt. Ich wollte Dir Etwas entgegensetzen, aber es gelang mir irgendwie nicht.

In der letzten Nacht hatte ich einen Alptraum, in dem ich unsere Situation wie in einem Spiegel gesehen habe. Du sitzt auf dem Schoß einer riesigen schwarzen, monsterähnlichen Gestalt mit Krakenarmen, die Dir langsam die Luft abdrücken. Du bist ganz zufrieden damit und lässt Dich erwürgen. Ich stehe vor Dir, vor Schreck völlig erstarrt und hilflos.

Soweit mein Alptraum. Ich glaube, lieber Heiko, Deine Hoffnungslosigkeit und Dein Zynismus werden Dir Dein Leben langsam abschnüren und dann hast Du wirklich nur noch ein paar Jahre!

Auch ich habe Ängste, lieber Heiko, auch ich bin manchmal ratlos und frage mich, wie das alles enden soll. Doch ich habe auch Hoffnung. Ich möchte Dir von meiner Hoffnung erzählen im Zusammenhang mit einer Geschichte, einer biblischen Geschichte.

Ach der mit seinem Religionsfimmel, wirst Du jetzt sagen, und Du wirst mir - wieder einmal - mein Wandlungen vorwerfen.

Ich erinnere mich noch gut daran, wie wir uns in unserer Studentenzeit über religiöse Menschen lustig machten. Religion ist Opium für`s Volk, Droge, mit der man das kritische Bewusstsein vernebelt: Daran glaubten wir, und wir schauten sehr verächtlich auf diejenigen herab, die sich die Religionsdroge reinzogen. Besonders amüsierten wir uns über solche Geschichten wie z.B. „Jesus geht über das Wasser", in unseren Augen ein hirnverbrannter Unsinn. Und genau an dieser biblischen Geschichte möchte ich Dir, lieber Heiko, meine Hoffnung buchstabieren.

Seit damals habe ich einige Wandlungen durchgemacht: Auf der Suche nach mehr Lebenstiefe habe ich den Wert von Träumen entdeckt und mich für Meditation geöffnet. Mit Staunen habe ich herausgefunden, dass in Träumen und Meditationen Bilder aufsteigen, die bedeutungsvoll sind und einen Weg weisen können, sozusagen „Botschaften von Innen". Ich habe die Bilder- und Symbolsprache entdeckt, in der unsere Psyche sich äußert. Langsam habe ich mich in das Verständnis dieser universalen Symbolsprache - die übrigens allen Menschen gemeinsam ist - eingeübt. Auf diesem Wege habe ich dann auch Zugang gefunden zu Symbolgeschichten. „Jesus geht über das Wasser" ist eine solche Symbolgeschichte, die ich mit neuen Augen sehen gelernt habe. Natürlich sind weder Jesus noch Petrus über das Wasser gewandelt. Wörtlich genommen wäre dies` barer Unsinn. Symbolisch gesehen aber weist diese Geschichte für mich auf eine Lebenswahrheit hin, die ich erfahren habe. Davon möchte ich Dir berichten:

Du weißt, lieber Heiko, dass die Geburt unseres älteren Sohnes mit Komplikationen verlief. Meine Frau musste während der Schwangerschaft mehrmals mehrere Wochen ins Krankenhaus wegen vorzeitiger Wehentätigkeit. Du kannst Dir vorstellen, wie geschafft sie war, als sich die Geburt endlich ankündigte.   Bei der Geburt war ich dabei. Als die Presswehen einsetzten, hatte sie keine Kraft mehr, das Kind herauszupressen.

Die Ärzte, bis zu diesem Zeitpunkt ganz ruhig und gelassen, wurden nun hektisch. Ich wurde ziemlich barsch aus dem Kreißsaal hinausgeworfen und mein Sohn wurde ziemlich brutal mit der Saugglocke aus dem Mutterleib herausgerissen. Kannst Du Dir vorstellen, wie mir zumute war? Ich fühlte mich wie in einem Sturm, im Bild gesprochen: Mein Lebensboot wurde kräftig hin und her geworfen.

Etwa eine halbe Stunde später wurde ich in den Kreißsaal gerufen: Man gratulierte mir zur Geburt meines Sohnes. In meine anfängliche Freude mischte sich schnell ein zunehmendes Erschrecken über den Zustand meines Sohnes. Er lag da, nackt, ein hilfloses Würmchen, am ganzen Körper blau angelaufen, den Kopf von der Saugglockengeburt wie zu einem Zuckerhut verformt und das Schlimmste - in fürchterlichen Krämpfen zuckend. Ein junger freundlicher Arzt, der mein zunehmendes Entsetzen spürte, bedeutete mir, die Geburt sei schiefgegangen und wir müssten wohl mit einem geistig behinderten Kind rechnen. Ich spürte, wie ich in ein schwarzes Loch fiel. Aus dem Sturm wurde ein Unwetter. Die Verzweiflung begann in mir hoch zu kriechen. Meine Frau, erschöpft aber glücklich über die Geburt unseres Sohnes, sah mir alles am Gesicht an. Ihr freudig erwartender Blick erlosch, und als sie die Situation ganz erfasste, fühlte ich, wie auch sie in Verzweiflung fiel. Ärzte von der Kinderklinik kamen mit einem fahrbaren Sauerstoffzelt, verpackten unseren krampfenden Sohn und verschwanden. Wahrscheinlich wird es mehrere Wochen dauern, bis Sie ihr Kind haben können, wurde mir auf meine Anfrage erwidert. Und mit den Worten „Ihre Frau braucht jetzt viel Ruhe" und „Sie können heute Nachmittag wiederkommen" schob man mich aus dem Kreißsaal. Das Unwetter, in dem ich steckte, tobte gewaltig! Es drohte mich in die Untiefen von Verzweiflung zu treiben. Von allen Seiten stürmte es auf mich ein: Alle Hoffnungen auf ein gesundes Kind zerschlagen! Ein geistig behinderter Sohn! Wie werden wir damit fertig? Und viele Ängste um meine Frau!

Und plötzlich geschah etwas völlig Unerwartetes, etwas Beglückendes und gleichzeitig Erschreckendes, fast

Gespenstisches. Der Sturm in mir legte sich, und ich hörte so etwas wie eine innere Stimme, die mir zuflüsterte: Hab` Vertrauen, hab` einfach Vertrauen. Es waren nicht nur Worte, es war mehr: Es war ein Durchströmtwerden von diesen Worten mit einem tiefen Gefühl von Vertrauen, von Kraftwellen der Geborgenheit und des Getragenseins, die durch mich hindurch pulsierten. Zuerst war ich erschrocken, mich durchzuckte es, jetzt fängst Du an zu spinnen, jetzt drehst Du durch.

In der biblischen Symbol-Geschichte erschrecken die Jünger auch, als sie den wandelnden Christus auf dem Wasser sehen. Sie halten ihn für ein Gespenst.

Doch der momenthafte Horror des Gespenstischen wich schnell von mir, denn das Berührtwerden von dieser unerwarteten Kraft war etwas zu Beglückendes. Ich fühlte ganz tief eine Anwesenheit von etwas Unbeschreiblichem, eine Anwesenheit, die mich mit ihren Kraftwellen durchströmte und mir immer wieder anbot: Hab` Vertrauen, hab` einfach Vertrauen, alles ist gut. *Die Szene des wandelnden Christus auf dem Wasser, der seine Jünger im sturmgepeitschten Boot tröstet und auffordert zu vertrauen, passt als Symbol deckungsgleich auf meine Erfahrung.* Nach einer Weile des staunenden Beglücktseins kamen die Ängste und die Verzweiflung wieder und versuchten, mich einzufangen. Ich spürte, wie in mir eine gewaltige Frage in Richtung der erfahrenen Kraft aufbrach: Wie kann ich die Ängste und die reißende Verzweiflung überwinden?

Als Antwort kamen wieder die strömenden, kräftigenden Worte vom Vertrauen. Eine Gewissheit schwoll in mir an, die Gewissheit, dass alles Ängstigende, Nach-Unten-Ziehende, Lähmende, Tötende zu schwach ist gegen die Kraft, die ich erfuhr, und dass alle Ängste und alle Verzweiflung überwunden werden, wenn ich mich auf diese Kraft einlasse.

Wieder entdecke ich meine Erfahrung in der biblischen Geschichte symbolhaft ausgedrückt. Petrus bekommt auf seine Frage, ob auch er die sturmgepeitschten Wellen überschreiten könne, die Antwort vom „Christus auf dem Wasser": Hab` Vertrauen zu mir und komm her. Petrus *vertraut und geht los. Es gelingt ihm, das tosende Wasser zu überschreiten. Doch als er seinen Blick vom Christus abwendet und auf die angstmachenden Wellen schaut, geht er in ihnen unter und wird erst gerettet, als er sich hilfesuchend an den Christus wendet, der ihn aus den tosenden Wassern der Angst herauszieht.*

So ähnlich ist es mir auch ergangen. Die Ängste und die Verzweiflung haben mich häufiger zu packen versucht, und wenn ich auf sie schaute, haben sie mich überwältigt. Doch die Erinnerung an die Vertrauenskrafterfahrung hat mir Mut gemacht, dorthin zu blicken, mich dorthin zu richten, umzukehren, und von dorther ist mir Kraft zugewachsen, die drei Wochen der Ungewissheit nach der Geburt unseres Sohnes zu überstehen und die Last und das Leid von anderen, vor allem von meiner Frau, mitzutragen. Wie Du weißt, haben sich alle Befürchtungen in Bezug auf unseren Sohn verflüchtigt. Er ist ein ganz gesundes Kind geworden.

Lieber Heiko, ich wünsche Dir von ganzem Herzen eine solche Hoffnungs- und Vertrauenserfahrung, doch ich befürchte, Du hast Dich schon so stark in die Sichtweise des untergehenden Petrus verrannt, dass Du nur noch Hoffnungslosigkeit und Verzweiflung sehen kannst, weil Du sie sehen willst.
Dreh` Dich um, schau` in die andere Richtung. Kehre um und lass Dich auf die Vertrauen, Hoffnung und Liebe spendende Kraft ein, für die der „Christus auf dem Wasser" ein Symbol ist.
Ob die Welt zugrunde geht oder ob das Rettende uns noch zuwächst ist offen. In meinen eigenen Wandlungen bin ich zu der Einsicht gelangt, dass uns das, was die Welt und uns noch retten kann, gerade dann sichtbar wird, wenn wir uns ganz auf die beschriebene Kraft einlassen.

Lieber Heiko, weil Du mich magst, hoffe ich, dass Du über diesen Brief nachdenkst.

Dein Lasse

Christus-Jesus-Neu-Anfang

Fangen wir mit diesem Jesus,
dem geglaubten   Christus,
noch einmal von vorne an!

Geboren als ein Menschlein,
wuchs er als Mann hinein in
tragiktragendes Präsent(-)sein.

Ja, das ganze LEBEN
ward ihm
zum Präsent.

Er lebte hingegeben,
vehement und konsequent,
allen anderen als Präsent
bis zum bitteren
Ende.

Nach
seinem Tod am Kreuz,
dem Mord an ihm,
kam   unver-
hofft die
Wende:

In jenem
Auferstehungswort
bebt die ureigenste Präsenz,
lebt im Symbol als Menschen-
Mensch in aufrichtender Konsequenz.

**Das
Kreuz
mit der Kirche**

**Du würdest doch keinem
Gefrierschrank
glauben,
der Dir
den Wert
der Wärme
verkündet!**

Abgesang

In

Eurer

Kirche

suchte ich

den Aufgang,

nicht den Ausgang.

Doch suchte ich vergeblich.

Ihr habt ihn mir verwehrt,

den Rang des immer

schon   Durchlösten.

Ich   schenk` Euch

noch den Abgesang,

lass mich nicht mehr

vertrösten.   Ich nehm`

getrost   den   Ausgang,

den Ihr für meinesgleichen

stets vorgesehen zum Entweichen

aus Eurer ab-   ge-   leb-   ten Kirche.

ABSCHAFFEN

Öffnet

der

Liebe-Tor-und-Tür

und

schafft

die Kirche ab!

Auf fremden Spuren

In
Euerem
Klerikahlverein wird
der als Dissident gehandelt,
der auf Euch fremden
Spuren wandelt,
u m   s o
w i e
J e s u s
M e n s c h
z u   s e i n!

Aus Kirchenhaft befreit

In Eurer Kirchenlandschaft,
find` ich kaum die Verwandtschaft
mit dem, was mich im Tiefsten rührt.
Doch ich gewahre eine Kraft,

die ich bisher fast kaum gespürt.
Sie lockt mich in die Helle,
heraus aus Eurer Kirchenhaft.
Sie kommt aus einer Quelle,

die nunmehr mich in Klarheit strafft.
Es ist die Quelle, die mich kennt,
die mich behutsam umbenennt
mit meinem eigentlichen Namen

entgegen Eurem Kirchentrend,
die mich befreit aus allen Rahmen,
mit denen Ihr Euch selbst verrenkt
und Euch ins Kirchenabseits drängt.

(Für Eugen Drewermann)

Christeln

Die
meisten
Christen,
die ich kenne,
sind keine Christen!
Sie christeln nur auf jener
Justus - Crustus - Spur
der Kirchlich-Selbst-
geraechten!

Christen-Kontakt

Der enge Kontakt mit selbsternannten Christen
versperrt schon bald den Ausblick
auf ihren Jesus
Christus.

Der
enge Kontakt
mit selbsterkannten Christen öffnet
schon bald den Zugang zu ihrem Jesus Christus.

Christen-Krustig
oder **Justus**
Crustus?

Ach,

in der Kirche,

die sich gründet auf

jenen Geist des Nazareners in

dem geglaubten Jesus Christus,

da fand ich oft im Kirchenalltag

den Herrschergeist des Justus Crustus,

den Krustengeist der Selbstgerechten,

die sich in Helferposen suhlen und

gläubig ihr Programm abspulen

des christen-krustigen

Geglaubes.

Christerei

Ach,
Eure † ganze
Chris-
te-
rei
ist aufgesetzt,
kommt nicht von Innen.
In Blendung werdet Ihr nicht frei.
So könnt` das LEBEN Ihr
im Leben nicht
gewinnen.

Christlicher Aberglauben

Ach,
ich würd`
mich ja so gerne
in Euere Gemeinde fügen.
Doch rückte es mir in die Ferne,
was Ihr so glaubt in vollen Zügen.

Das meiste ist ein Aber-Glauben,
den Ihr Euch stets zu glauben wagt.
Ich kann es mir nicht mehr erlauben,
zu glauben, was längst hinterfragt.

Ihr habt aus jenem Galiläer
im Mythos einen Gott gemacht.
Das Mythische habt Ihr zerdacht,
so seid Ihr ihm historisch näher.

Nur dass ein solches Tun nicht trägt,
Ihr Euch den GLAUBENs-Ast absägt
und untergeht im Nur-Geglaube.

Christliches Implantat

Sie
wollen
Euch-Ihren-
Jesus implantieren,
in Herz und
Kopf
ihn Euch
einmassieren,
die klare Sicht ins
Offene Euch vernebeln
und schleichend Euch
„Im-Christlichen"
verknebeln.

**Christsein als
Nachfolge
Jesu**

**W
W E G
G**

**Weg
zum Original!
Weg von der Kopie!**

Der Geist verschränkter Arme

Ach,
wenn Ihr
doch,
ein wenig nur, auf Euren Jesus hörtet
und ihn nicht nur in wohl-
gesetzten aufgebläht
verkühlten
Worten sonn-
täglich verklärtet.

Ach, wenn Ihr doch den Zugang
zu ihm weniger blockiertet, ihn
auch in Eurem Leibgebaren,
Eurer Körpersprache ehrtet.

Ach, wenn Ihr doch den Geist
verschränkter Arme Euch verwehrtet
und Euch trotz all` Eurem Gehabe,
- wenn auch ein wenig nur -
weiter zu ihm hin kehrtet!

Dogmatischer Verwahrer

Du, dogmatischer Verwahrer
der Macht der Liebe,
wenn Du
Deine Liebe
zur Macht der Liebe
in Liebe zur Macht verkürzt,
landest Du in der Gefahr,
die Liebe machtvoll
zu verwahrlosen,
natürlich
selbstverständlich
im Namen der Macht der Liebe.

Für
gläubigen Gehirne:
Gläubigkeits-Ent-Rüstung

In den gläubigen Gehirnen
ein zu großer Überschuss
an tradierten Antworten
auf die alten Fragefronten,
die zum Teil schon überwunden
sind im Diesseits unserer Krise.

In den gläubigen Gehirnen
ein enormer Überdruck
an Allmachtsphantasien,
triumphaler Größenwahn,
gepaart mir den gebeugten Knieen
vor dem geglaubten Retterklan.

Für die gläubigen Gehirne
eine Gläubigkeitsentrüstung,
den temperierten Unterdruck,
eine gründliche Grundierung
im überlebten Glaubensschmuck,
jetztseits im Diesseits unserer Krise.

Gegen die Bibliolatrie

Die
Worte, die
auf
das
Göttliche
weisen, sind
Worte, die auf das
Göttliche weisen, doch sind
sie als Worte nicht göttlich zu preisen!

G E G E N S T E U E R N, M A N N !

Ach,   er spielt
so gern   den Herrn,
zelebriert   sich selbst
intern als   hervor   - ragenden
Leitstern,   leuchtend im   Gemeinde-
Kern: Auch   nach Außen, für   die Draus-
sen, die sich   trotzig selbst   aussperr`n.
Leiht sich   Macht von   nah und fern,
auch von   dem   geglaubten
H E R R N,
der in Wahrheit
Gegensteuern lehrte,
lebte und erstritt,
vollmächtig
durchlitt,
wider   alle
selbstgerechte
Möchte - Gern -
Gemächte, dass uns
die Geschwisternschaft
allen ohne jeden Herrn aus-
bricht, kraftvoll sich verbreitet,
ungetrübt und klar, jetzt und immerdar.

Geglaube-Knecht

Wenn
man zwar
an den Christus glaubt,
doch dem Geglaubten
nicht
erlaubt,
sich als solches zu entfalten,
sich ihm vielmehr zu enthalten,
um den Glauben nur zu nutzen,
gläubig fromm sich aufzuputzen,
ist man ein Geglaube-Knecht.
Qualitätsurteil: Nicht echt!

Geistige Gesunderhaltung

Von
jemandem, der
werktags sich treiben lässt
vom Archetyp des Satanas,
dem Durcheinanderwirbler,
dem Heuchel-Meuchelnden,
lass` ich mir sonntags nicht
von Jesus Christus predigen,
dem Archetypos Christos.
Ich bin nicht
klerikahl-neurotisch,
mach` diese schizophrene
Spaltung nicht mit aus Gründen
der geistigen Gesunderhaltung.

Jeshuanisch

Di e
Inten-
sität des Jeshua
IST
transfor-
matorisch!

Die Kirche, die
sich ohne seinen Willen
auf ihn gründet, hat es höchstens
bis zur Reformation geschafft.
Will sie überleben, muss sie
transformatorisch
werden,
und
nicht nur
translatorisch
herumdoktern an den
Symptomen ihres Vergehens.

Jesu Kirchenaustritt
(Eine jesuanische Fantasie)

Und

weil er lebte,

was sie nur verkündigten,

trat er

aus jener

Kirche aus, die

sich auf ihn berief.

Jesus-Feuer

Euere
tief-internen
feuerfreien glaubens-
fernen Kirchen-
Quengeleien
haben
mich nie sonderlich interessiert und engagiert,
weil das Jesus-Feuer, das mich
bewegt, Euch nicht
geheuer, denn
es legt
sich
kreuz und
quer zu den
tiefinternen feuer-
festen glaubensfernen
kirchentristen Quengeleien.

Kirche ... ehren?

Ihr haltet Kirche noch in Ehren? Doch
wo versucht sie Euch zu nähren
und Euren Lebenssinn zu mehren?

Sie will vor allem Euch belehren,
das VOLLE LEBEN abzuwehren,
zum IHRIGEN Euch hin zu kehren
und vom Tradierten nur zu zehren,
von dem das Meiste durch Verjähren
ein Dasein fristet, hohl im Leeren, im
Geistig - Überlebt - Verqueren, mit
aufgepfropften Glaubensscheren,
die alles Fremde Euch verwehren
und dies in Schneidewut versehren.

Ich kann dies alles längst entbehren!
Nun hört schon auf, Euch zu beschweren!
IHR HALLTET KIRCHE DOCH IN EHREN!

Kirchenschaden

Dein Leben
ist die Gegenpredigt
zu allen Deinen Kanzelworten.
Für mich ist Dein Geschwätz erledigt.
Es schmecken Deine Worte-Torten
nur denen noch, die Du geblendet
mit Deinem vorgetäuschten Charme.
Ich hab` mich von Dir abgewendet.
Es schlägt mir nur noch auf den
Darm, was ich bei Dir
gewahre.
Du bist für sie
ein Kirchenschaden!
Mit Dir geht Kirche weiter
baden in Richtung Totenbahre!
Halt Dich an das, was Du gepredigt,
sonst bist auch Du schon bald erledigt!

Klerikal-Abwehr

Meine Wärme könnt Ihr haben,
aber niemals meine Wolle!

Sucht Ihr mich zu untergraben,
meine Wolle mir zu färben,
sie zu stutzen, sie zu scheren,
um das Fell mir noch zu gerben:

Wandle ich sie um in Stacheln,
Euren Angriff abzuwehren.

Klerikahles Eisleben

Die Muffigkeit in den Gesichtern,
auch wenn die Fratze freundlich ist:
Wie Klerikahles doch zerfrisst
mit seiner Kraft zu irrlichtern!

Die Feigheit vor dem offenem Wort,
getarnt als Menschenfreundlichkeit.

Die Flucht aus nicht durchlebtem Leid
in klerikahlen Kuschelhort.

Die Zähigkeit, an Glaubenssätzen
auch dann noch zwanghaft festzuhalten,
wenn sie das Leben mehrfach spalten
und geistig sich schon längst zersetzen.

Und die Empörung, wenn man wagt
auf all` das sachlich hinzuweisen.

Wer Klerikahles hinterfragt,
den straft ur-plötzliches Vereisen
im klerikahlen Eisleben.

Klerikahler Wiederspruch

Sich zum HERR-
scheN aufschwingen
mit dem Bruder Jeshua!

Klerikal verseuchte Prägung

Die
Jahre der
Entwürdigung,
die ich bei Euch erlebte,
die klerikal verseuchte
Prägung, der ich
stets trotzig
wider-
strebte,
sie haben
müde mich
gemacht.

Ich hab mich
bei Euch wund gerieben!
Mein Engagement habt Ihr verlacht
und nur ins Abseits mich getrieben.
Ich glaube jetzt, dass das Geglaube,
an dem Ihr hängt, das Euch verbiegt,
verwandt ist mit dem Seelenraube,
dem Ihr alltäglich unterliegt.

Denn würdet Ihr
leibhaftig glauben, was
Euch der MEISTER auf-
gegeben, dann würdet Ihr Euch
nicht erlauben, so klerikahl entlaubt
zu leben, verborgen unter Kirchenhauben.

Kreuzschlüssel zur
WIRKLICH-
KEIT

Mit ihrem
Christus-Jesus
haben sie einen echten
Kreuzschlüssel zur WIRKLICHKEIT.
Doch sie nutzen ihn meist nicht,
diese zu entschlüsseln,
sondern schließen
sich mit ihm ein,
um ihn anzubeten.

Lebt es uns doch einfach vor!

Lebt uns die Bergpredigt vor
im heit`ren Glauben an den Gott,
dem Ihr am Sonntag leiht das Ohr,
vielleicht auch `mal im Alltagstrott.

Wir werden Euch dann schon vertrauen,
wenn Ihr die Nächstenliebe lebt,
und sicherlich auch darauf schauen,
woraus Ihr solch` ein
Leben webt.

Doch
lasst in Ruh`
uns mit den Phrasen,
in denen Ihr Euch gläubig zeigt!
Tragt nicht zu hoch die Christennasen,
sonst habt Ihr bald bei uns vergeigt!

Naᶜhvollzug der Aufrichtung

Wer sich aufgerichtet hat und
sich dadurch absondert von
denen, die an ihrer Richtung
ihn doch ausrichten wollten,
wird von ihnen, wenn er sie
aufzurichten trachtet,
ausgesondert,
abgeurteilt,
manch-
mal
sogar
hingerichtet,
damit der keinen Schaden mehr
anrichten kann an ihrer Richtung
(die im christlichen Gewande
ausrichtet an jenem Einen
geglaubten Aufrichter,
an dem es sich
auszurichten
gilt.)

Nach JENEM LEBEN

Ihr habt Euch selbst dazu verpflichtet,
die LEBENsLIEBE zu verkünden.
In gut-do-tier-ten Pfarrerpfründen
habt Ihr Euch wohlig eingerichtet.
Nun läuft der Laden aber schlecht!
Die Frage kommt, ob Ihr verzichtet
auf manches finanzielle
Vorrecht.

Von
dem Geschrei
wird hier   berichtet,
das Ihr daraufhin angestimmt.
Ihr seid bereit, Euch zu verbünden,
den armen Christus zu verkünden,
doch alles Weitere Euch ergrimmt,
wenn man nach JENEM LEBEN fragt,
dem mehrheitlich Ihr Euch versagt!

Nur noch sonntägliches
Schmuck-
stück!

Ich
will kein
Sün-
den-
bock mehr sein
in Euerem Klerikalverein,
und werd` es trotzdem bleiben.

Denn Ihr wollt` Euch nicht reiben
an der geglaubten Kreuzgestalt
der Welt und auch des Lebens.

Ihr sucht Euch einen falschen Halt
in Projektion. Es ist vergebens,
zu hoffen, dass es anders wird.

Da Ihr nicht Busse tuen wollt,
bleibt der geglaubte Seelenhirt,
dem Ihr doch Euere Achtung zollt,
nur noch ein sonntägliches Schmuck-
stück für Euer kirchlich bürgerliches
Glück!

Pharisäische Gutmenschen

Wenn pharisäisch orientierte Gut-
menschen, die sich selbst für auserwählt halten,
ihr Leben auf Jesus, den geglaubten Christus gründen,
der mit allen viel Geduld hatte, nur nicht mit Pharisäern,
haben sie ein Ur-Problem, das sie im Tiefsten zerspaltet
und das Pharisäische in ihnen stärkt, ja aufbläht,
bis die Blähungen aus ihnen herausplatzen
und sie ihre Umgebung christorientiert
zusammenscheißen.

Postmoderne Christen

Sie, die manchmal vorgeben,
noch zu ihm zu halten,
sie verhalten sich
zu ihm nur
noch
sehr
verhalten.
Seine Worte, seine
Taten und sein Walten,
sie verhallten auch bei ihnen
den Verhältnissen entsprechend,
ver-hält-nis-mäs-sig un-er- hört.

Richtet ihn doch aus an uns!

Es ist gut, dass ich mich dem entziehe,
was Ihr mir als SELBST-Missbrauch serviert.
Euere hochgepries`ne klerikahle Brühe
hab` ich lang` genug getestet und probiert.

In ihr hab` ich es nicht aufgefunden,
was dem Nazarener ihr verdankt.
Immer, wenn ich bei ihm aufgetankt,
wurde ich von Euerem-Gott entbunden.

Wer dem Nazarener folgt, bleibt einsam,
richtet er sich auf in Plus-Gestalt!
Welt und Kirche schreien dann gemeinsam:

Richtet ihn mit dem, was immer galt!
Richtet ihn doch aus an uns!
Wenn es sein muss, mit Gewalt!

Transformation

Keine
Restauration,
keine Restauktion
hilfreicher Tradition!

Keine Reformation
sondern
Trans-
for-
ma-
tion!

Versehrt

Und
folg` ich
Eurer   Linie
und tue, was Ihr wollt,
belebt sich manche Mumie,
mir wird Respekt gezollt.
Doch folge ich Euch nicht
und handle angemessen
und leiste den Verzicht
auf Eure Interessen:
Aufrichte
mich in
Plusgestalt
mit   Eurem
Bruder Jeshua,
versehrt Ihr mich
mit Kreuzgewalt und
singt dazu noch Halleluja.

Wohlstands-Christen

Im
Westen,
unse-
re
Wohlstands-Christen,
sie
sind
besondere
Konsumisten.

Sie konsumieren ihren Teil
vom allgemeinen Wohlstand,
dazu auch noch das Seelenheil
von ihrem auferstandenen Heiland.
Und dieses auch noch gratis!

Wankelmythisch

Der Christen
Glaube? Mythos-Tour
auf fraglicher Historienspur!

Gebroch`ner Mythos, der geglaubt,
den Mythos nicht zu schau`n erlaubt
als Mythos, als die Götter-Speise,
die nährt auf der Bewusstseinsreise
zur mensch-menschlichen Ur-Gestalt,
wenn sie nicht, fehlgeglaubt, verhallt
im wankel - mythischen Gezeter
als ein Geglaube-Wackelpeter.

Was herrscht,
ist der Geglaube-Mix,
die Religion als Morphium
für stets ersehnte Glaubenskicks
im täglich-trüben Um-und-Um,
im Leben, Lieben, Leiden.

Das Christ - Geglaube?
Mythos - Mix aus
Vater,
Sohn und
heil`gen Knicks!

(Für Eugen Drewermann)

Apercu: Hanns Dieter Hüsch:

Religiöse Mitteilung:
"Gott ist aus der Kirche ausgetreten."
(Aus dem Programm "40 Jahre unterwegs" - 1988)
Youtube: www.youtube.com/watch?v=_ScI3Zh5iT0

Entleere meinen Kelch von dem Gelärme

Ich stell` nichts dar und will auch gar nichts darstellen!
Mit Eurer Welt werd` ich mich nicht betrügen!

Ich sperre mich nicht ein in Eure Zellen,
um mich in ihnen mit Freiheit zu belügen.

Repräsentant will ich bei Euch nicht werden!
Was sollte ich mit Euch auch präsentieren?
Ihr
seid dabei, Euch munter zu gefährden,
die Heimat im Konkreten
zu verlieren.

Entleere
meinen Kelch
von dem Gelärme,
mit der Ihr
Eure
Leere
überdröhnt.

Und aus der Stille,
da sprudelt eine Therme:
Ich bade, genieße ihre Wärme,
die mich im Lärm mit Wohlklang versöhnt.

Bitter-süsser Kelch
der Präsentosophia

präsent-sein: Mit Bewusstheit
das Leben als Event erfahren
präsent-sein: In Bewusstheit
das LEBEN als Präsent gewahren

PRÄSENT-SEIN: Ein PRÄSENT sein

In der Welt präsent sein
In ihr ein Präsent
sein

PRÄSENTOSOPHIA

Minimal
Message, but
Maximal Massage

Das Wesen der Präsentosophia

Das
Wesen des Zen
ist gelebte Achtsamkeit.

Das Wesen des Christlichen
ist gelebte Barmherzigkeit.

Das Wesen der Präsentosophia
ist das Plus von
beiden.

A
c
h
t
Barmher <> zigkeit
s
a
m
k
e
i
t

Agape

Die Liebe
höret nimmer auf,
auch wenn der Christen Glaube
bricht, verweht. Das
Christentum
vergeht!

*(In: „Lasse Los: Präsentosophia- präsent sein-
ein Präsent sein" Edition LOS Band 8, BoD Norderstedt 2021
wird die Präsentosophia ausführlich darstellt und umrundet)*

Aufgerichtet bin ich frei

Ich hab`s
probiert mit Eurem Glauben
und seinen eignen Heilsversprechen.
Doch wollte er mir nicht erlauben,
mit allem Ir-ri-gen zu brechen.

Er predigt uns die Aufrichtung der
Menschen in der Plusgestalt und
fordert dann die Ausrichtung
an seinem gnaden-
vollen
Halt.
Doch auf-
gerichtet bin
ich frei von jeder
Form der Ausrichtung!

Aufrichtende Evidenz
allumfassender
PRÄSENZ

Ich bin für
Euch Präsentosoph.
In radikaler Gegenwart
entfache ich im Innenhof
des Endlichen den Gegenpart
zum Leben-im-Geschlossenen.

Mit meiner eigenen Vehemenz führ`
ich Euch, Ihr Verdrossenen,
zur aufrichtenden Evidenz
der allumfassenden Präsenz,
die freimacht vom Verflossenen.

Und wenn ich sterbe, werde ich
mit evidenter Konsequenz
als Leichnam auch
verwesen!

Doch könnt` Ihr
mich auch anders lesen:
Als Transparent für die Präsenz!
So werd` ich für Euch auferstehen
als Heilsymbol für jenes Leben, das
vom Präsentsein sich durchwehen lassen
und nicht verkleben will im längst schon
Abgeschlossenen der voreilig Verdrossenen.

*(Aus: Geheime Worte Jesu aus den Inspirationen
meines Herzens)*

Be-droh-li-che
Ver-wandt-
schaft

Sie ähnelt
Euren Lieblingssichten,
denn sie ist ihnen geistverwandt.
Sucht neben Euch sich aufzurichten
im an-gren-zen-den Nachbarland.

Doch setzt sie andere Akzente.
Ihr ist bewusst, was Ihr verdrängt.
Zerspaltendes, das Euch zertrennte,
wird - aufgeklart - neu eingerenkt.
In zugewandter Resonanz erklingt
Euch nun, was ihr vermeidet.

Ihr kündigt nur vom Heilungstanz,
doch tanzt Ihr ihn nicht, sondern
neidet den Tänzern ihre Existenz.

Ihr grenzt Euch ab mit Vehemenz
und trennungsscharfer Konsequenz
von der bedrohlichen Verwandtschaft
der GEISTes-Nähe und durchleidet,
worin Ihr Euch im Stolze scheidet.
Ihr wohnt in einer anderen Landschaft!

(Zum Verhältnis von Präsentosophie und Christentum)

Bekenntnis

In
der Weise,
in der Jesus kein
Christ
war,
bin ich
kein Christ.

Das Bild vom Menschen-Mensch

Es ist

das Bild vom

Menschen-Mensch,

vom allseitig ent-

falteten,

vom immer neu Verbindenden in seiner Menschen-Menschlichkeit,

der mich, den immer Trennenden, in heilender Verbundenheit

ganz ohne Wenn und Aber findet und mich geduldig stimmt,

die Trennungsschläge

auf sich

nimmt,

sie stellver-

tretend über-

windet und mich ins

Bild der Menschenliebe

kaum überwindbar einbindet.

Die aufrichtende Evidenz
der allumfassenden
Präsenz

Ich

zeige Euch

mit Vehe-

menz

die aufrichtende Evidenz der allumfassenden

Präsenz. Ich wünsche mir als Konsequenz

auch Eure lichte Transparenz

für die beschrieb`ne

Evidenz

der

alldurch-

dringenden Präsenz.

*(Aus: Geheime Worte Jesu aus
den Inspirationen meines Herzens)*

Die Plus-Gestalt als
Ur-Sym-
bol

Das Plus,
es ist das Ur-Symbol
des Viel-di-men-si-o-na-len.
Die Plus-Gestalt zeigt Dir Dein
Wohl und Heil jenseits der Qualen,

die Du durchleidest, lebst Du nur
im Dämmerlicht, im fahlen, auf
jener engen, schmalen Spur
des Eindimensionalen.
Doch auf dem
Weg zur Plusgestalt
erleidest Du die Wehen
von allem Auferstehen,
erlebst aufrichtende Gewalt,

die Dich aus allen Engen treibt
und Dich entfaltet, einverleibt
in jenen Halt der Plusgestalt.

Fesselnde Befreiung

Was hilft es denn, wenn ein Befreier kommt,
der mir die Fesseln löst und mich zur Mitte führt,
zum frischen Lebenswasser, wenn er mich dort
doch wieder fesselt an seine Sichten von Befreiung.
Ich will
das Quicklebendige nicht neu gesäumt und eingezäunt.
Ich will es sanft und mild. Ich will es rauh und wild,
so wie es - un-verf-ormt - sich mir gewährt.
Ich will es nicht mehr eingesperrt,
auch nicht in der Befreiung,
die doch nur wieder fesselt!

Jesuanisch

Die
jesuanische
Tendenz
ist
Aufrichtung der Plusgestalt
im Mitmenschlichen
an dem Halt
der
offenbaren
Transparenz des
Ur - Präsentischen.

JETZTseits **IST** das „**GOTT**esreich"

Jetztseits
ist das Gottesreich,
das der Nazarener schaute.
Präsentisch webend, güteweich,
dem er sich lauschend anvertraute.

Jetztseits ist das Reich der Liebe.
Nur wenn wir es jetztseits lassen,
wird es, trotz der Gegen-
hiebe, uns lebendiger
erfassen.

Immer kommt es auf uns zu,
weicht uns die Verhärtung auf.
Niemals lässt es uns in Ruh`
bei dem egohaften Lauf
durch das antast-
bare Leben.

Konstruktionsfehler im Christentum

Gleichsetzung von Symbolisierendem
mit dem Symbolisierten.

**Fehler-
behebung**

Symbolsabotage:
nicht des Symbols,
sondern des Symbolglaubens

Glaube an … ist Glaube an Symbole!
Und darin liegt der Glaubensfehler!

**Liebes-
künder und
Todesüberwinder**

Das Licht, das
auch die dunkelsten
Todesschatten bricht, hat
für die Christen ein Gesicht,
das sie jedoch nicht kennen.
Sie wissen nur den Träger zu
benennen als jenen Liebeskünder
und als geglaubten Todesüberwinder.

Das Licht, das auch die dunkelsten
Todesschatten bricht, hat für
uns heute kein Gesicht.
Doch können wir es kennen. Wir
brauchen keinen Träger zu benennen
Es selbst ist Liebeskünder und als
Geglaubtes Todesüberwinder.

Kreuz-Plus-Transformator

```
        J e-
    s    h    u    a
             w
             a
             r
```

Transformator
mit enormer Resonanz!
Dem Präsent(~)sein war er
Sprachrohr in präsentischer Brisanz!

Und im Licht der ALL-Präsenz
war er offen für das BEBEN,
leuchtete in Transparenz,
wurde zum Symbol für LEBEN.

Als Symbol ist er auch weiter
Transformator für uns heute,
wird gekreuzigt von der Meute
und bleibt doch für sie die Leiter :

Aus dem Sumpfe der Verschandlung
durch das Feuer der Verwandlung
hin zum liebesvollen Streiter
für ein all-präsentes Leben.

Mein Bekenntnis

Ich be-

kenne Euch,

Ihr Christen:

Ich steh` immer

schon am Rande

Eurer Kirchen,

immer mehr

in der Ver-

suchung,

aufzu-

erste-

hen

in

die jesua-

nische Rich-

tung: In die

Aufrich-

tung!

Mein
Jesus-Christus
Aufrichtungs-Bild

Jesus wollte sicherlich
keineswegs, dass Du Dich
an ihm einfach ausrichtest,
sondern vielmehr freiwillig
Dich-mit-ihm aufrichtest
oder im geglaubten Christus
wie die Kirche ihn verkündet,
tiefenpsychologisch angeschaut
als den Archetyp des SELBST,
Dich – in – Ihm – aufrichtest.

Meine präsentische Christologie

Jesus
verstanden als
aufgerichtet umarmender Erbarmer
und
auf-
richtend
erbarmen-
der Umarmer

Christus
verstanden als Präsenz
aufrichtender erbarmender Umarmung
und
als
Präsenz
aufrichtender
umarmender
Erbarmung

Meine präsentosophische Christologie

(In Kurz-Form für eine Kurs-Form)

Jesus	Christus
Er-	Prä-
bar-	senz er-
mender Umarmer	barmender Umarmung
Um-	Um-
arm-	arm-
ender	ender
Erbarmer	Erbarmung

Mythos- Miss/Ge -Brauch

Der Missbrauch
des Mythos, des heilenden Mythos,
im Wörtlich-Genommen verwechselt das Licht
mit dem Farbtransparent. Nur wer mit Bewusstheit
im Mythos geschwommen, erlebt ihn als
heilsames Bade-
Präsent.

Im
Missbrauch
verkommen, verkümmert der Glauben,
auch wenn doch sein Mythos vor Heil überquillt.
Vom Missbrauch benommen, kann er nicht erlauben,
was einzig den GEIST-Hunger jetzthier noch stillt:
Des Mythos heilsame Geistin!

Präsentosophia-in-Aktion oder Jesus heute

Als ich die Brieftasche verlor
mit den Papieren und viel Geld,
war ich betrübt und sehr besorgt,
sie nicht mehr wieder zu sehen.
Doch ein paar Tage später nun
besuchte mich der fremde Finder
und ü~ber~reich~te schmunzelnd
mir die unversehrte Brieftasche.
Voll Freude und voll Dankbarkeit
erstattete ich den Finderlohn.
Doch wehrte er ihn ab mit
den bemerkenswerten
Worten:
„Ihr
Dank und
Ihre Freude ist mir
mehr wert als der Finder-
lohn, der mir gesetzlich zusteht!"

Und dann verschwand er
freudestrah-
lend.
Er
ließ mich
arg verwirrt zurück, doch
auch zugleich erneut beschenkt
mit seiner lobenswerten Tat und
den bedenkenswerten Worten,
die mir nach einer Weile dann
viel wertvoller erschienen als
der Inhalt meiner Brieftasche.

Präsentosophia und Christusmythos

Ge-
fährliche
Verwandtschaft zum Christlichen,
ohne die Ausschliesslichkeit
des
Jesus-
Christus-
M y t h o s :
Jesus only? No!
Jesus also? Yes!

Weisheit aus dem
Nahen Osten

Jesus

hätte vielleicht

auch gesagt haben können:

„In meinem Sinne Menschen-

Fischer zu sein, das heißt:

Menschen auffangen und

aufrichten, nicht aber

Menschen einfangen

und ausrichten,

auch nicht

an mir!"

West - Östliche Umarmung

Und
würdest Du
mich
fragen:

Was hältst Du von der Religion?
So würde ich Dir sagen:
Ich suche jenen neuen Ton
west-östlicher Umarmung
des Buddha mit dem
Nazarener:

Begegnung beider als Ent-Tarnung
der religiös Verengten, jener,
die ihren jeweiligen Meister
noch nicht in seiner
Tiefe kennen

und sich nur - frömmelnd - selbst verrennen,
die sich verkleben mit dem Kleister
der eigenen Unfehlbarkeit
bis an das Ende ihrer Zeit.

Carl Friedrich von Weizsäcker im Gespräch mit Erwin Koller:

„Ich glaube, dass die Begegnung der Religionen eines der wichtigsten zukünftigen
geistigen Ereignisse der Menschheit ist. Denn sie werden alle lernen müssen, dass
die Weise, wie die Religionen sich selbst interpretiert haben, noch provinziell war.
E.K.:Dass sie also zum Kern ihrer eigenen Religion erst vorstoßen müssen.
C.F.v.W.: Dass sie zu dem, was die Meister, von denen sie sich herschreiben,
gesagt haben, zum Verständnis davon überhaupt erst kommen müssen.
Und dass das, was man gewöhnlich überliefert, sehr häufig
eine Parteimeinung ist."

(In: C. F. v. Weizsäcker:
Zeit und Wissen, München, Wien 1992, S. 340)

Mein Exodus

Mein Exodus ist abgeschlossen!
Ägypten liegt schon weit zurück.
Der Trennungsschmerz ist jetzt verflossen.

Am Sinai fand ich das Glück
im Blitz erneuter Offenbarung
der GOTTHEIT in der All-Präsenz:

Sie schenkte mir die Aufklarung,
die einst geschehene Begegnung
in diaphaner Vehemenz

im Licht der All-Präsenz zu schauen,
um ihrer aufrichtenden Segnung
im Jetztseits-Wandel zu vertrauen.

Es-gibt-den-Gott-nicht-den-es-gibt!

Allein im NUN der All-Präsenz,
die alles still und stillend liebt, durch-
scheint der GOTTHEIT neuer Lenz.

Meine Gottes-Jesus-Christus-Kirchen-Träume

Lied: *Träume sind besond`re Schäume*

Refr.A: *Träume sind nicht immer Schäume!*
Jetzt und hier eröffnen sie Dir
unbekannte neue Räume.
Hat Dein Leben sich verfahren
offenbaren Träume manchmal
Lösungen im Unlösbaren.

1. *In des Lebens Wirrungen,*
selbstverkeilt als Konkurrent,
verlacht der Traum Dir vehement
oft Deine Selbstverirrungen.
In des Lebens Wirrungen,
verknäuelt in Hass und Sympathien,
hilft der Traum mit Strategien
der Abwehr von Verirrungen.

Refr.A: *Träume sind nicht immer Schäume ...*

2. *In des Lebens Wirrungen,*
mitten in den Turbulenzen,
mahnt der Traum zu Konsequenzen,
zum Auszug aus den Irrungen.
In des Lebens Wirrungen,
im Gestrüpp von Neid und Gier,
weist der Traum auch häufig Dir
Wege aus Verirrungen.

Refr.A: *Träume sind nicht immer Schäume ...*

3. *In des Lebens Wirrungen,*
auf der Suche nach dem Heilen,
lässt Dich der Traum geheilt verweilen
diesseits aller Irrungen.
In des Lebens Wirrungen,
in manch` zerbroch`ner Lebensart,
führt Dich der Traum aus Irrungen
zum Ursprung in der Gegenwart.

Refr.B: *Träume sind besond`re Schäume!*
Jetzt und hier eröffnen sie Dir
hilfreich die zentralen Räume.
Hast Dein Leben Du verfahren,
offenbaren Träume manchmal
Lösungen im Unlösbaren.

Träume sind besond`re Schäume

Text+Musik
Lasse Los

Refr.: Träu - me sind nicht im - mer Schäu - me, jetzt und hier er -
Hat Dein Le - ben sich ver - fah - ren, of - fen - ba - ren

öff - nen sie Dir un - be - kann - te neu - e Räu - me,
Träu - me manch - mal Lö - sun - gen im Un - lös - ba - ren

un - be - kann - te neu - e Räu - me. Str.:1. In des Le - bens Wir -
Lö - sun - gen im Un - lös - ba - ren.

run - gen, selbst - ver - keilt als Kon - kur - rent, ver -

lacht der Traum Dir ve - he - ment oft Dei - ne Selbst - ver -

ir - run - gen. In des Le - bens Wir - run - gen, ver -

knäult in Hass und Sym - path - ien, hilft Dir der Traum mit

Stra - te - gien der Ab - wehr von Ver - ir - run - gen.

(Aus dem Music-Textival: „In allen Farben singen“ in: „Lasse Los: Seid Ihr noch zu retten? - Music-Textivals, Edition LOS Band 4 und auf Youtube unter dem gleichnamigen Titel - Noten in: „Lasse Los:… da muss doch noch LEBEN ins Leben rein!“ - Liederbuch - Edition LOS Band 10)

Meine ausgewählten Gottes-Träume

BEFREMDLICH

Am frühen Morgen träumt es mir:

Ich sterbe in die G O T T H E I T !

Sie nimmt mich auf ins Jetztseits
und wird mich nun entsorgen
vom ausschließlichen Kreisen
um meine selbstverstrickten
Sichten und meine aus-
erwählten Schneisen.

Ich werde mich
durchlichten
lassen
und führen
auf die neue Bahn,
heraus aus allem Ego-Wahn.

Im Traume konnte ich es fassen!
Es war mir selbstverständlich.
Im Wachen aber bleibt es
mir befremdlich!

Im NUN präsenter Plus-Gestalt

Es
träumte
mir erneut von
„ G   O   T   T "
im Sound der Bilder-Mutation.

Man führte mich auf das Schafott,
wo Gottesbilder immer schon ent-
hauptet wurden nach der Zeit,
in der die eigene Wirksamkeit
die Herzen und die Hirne banden.

Dort habe ich IM-NU verstanden,
weshalb auch Gottesbilder sterben.
Im   Plus-Fluss der Entfaltung des
menschlichen Bewusstseins erben
wir eine offenere Haltung
zu der PRÄSENTEN
WIRKLICHKEIT
und eine
Klar-
sicht in
der Vielfalt im
Raum und in gelebter Zeit:
Im NUN präsenter Plusgestalt.

Von ALLEM in Allem

Und
es   besuchte
mich ein Traum von
GOTT in Feuerbildern,
in Bildern eines lodernden
Lichtmeeres des Erbarmens.
Und
in ihm wurde ich verbrannt,
der ich doch selber mich ver-
bannt in das Exil der Fesseln,
der von den Gegnern auferlegten
und der von mir selbst mit gestrickten.

Verbrannt vom Lichtmeer des Erbarmens,
bis mir die Fesseln fielen und ich gerichtet wurde,
aufgerichtet in der Gestalt des lichten All-Erbarmens,
in leibhaftiger Plus-Gestalt, die einverleibt ist als ein Halt
zum Leben, Lieben,
Leiden.

Und ich erwachte aufgelöst und
eingelöst und auch durchlöst.
Ich wusste mich in
jenem
LEBEN,
für das allein
es sich nur lohnt,
mich ihm in Allem hinzugeben.

Als ich das bess`re Leben suchte,

...................................,

da träumte mir
von

« Gott »

Prolog:

„Das Gebot,
man solle sich kein Bildnis machen von
GOTT,
verliert wohl seinen Sinn nicht, wenn wir GOTT begreifen
als das Lebendige in jedem Menschen, das Unfassbare,
das Unnennbare, das wir als solches nur ertragen,
wo wir lieben. Sonst machen wir uns immer
ein Bildnis. Nicht bereit, nicht willig
und nicht fähig, einem
einzelnen Gesicht
gegenüber
zu stehen,
stempeln wir
ganze Völker ab
und können ihnen
nichts anderes zugestehen
als die Fratze unseres Vorurteils,
das immer eine Versündigung bedeutet."

Max FRISCH:

Ges.Werke Bd. II, S.279 Frankfurt am Main 1976/1986

Lieber Heiko!

In den letzten Briefen schilderten wir uns wechselseitig unseren „Traum vom besseren Leben" und beschrieben die Bedingungen, die not-wendig sind, diesen Traum Wirklichkeit werden zu lassen. Dabei wurden große Differenzen zwischen uns sichtbar.

Um es auf den Hauptnenner zu bringen: Du meinst, in Deinem Traum vom besseren Leben ohne Gott, ohne Transzendenz, zurecht kommen zu können. Ich halte entschieden dagegen, dass ich bei meinem LEBENs-Traum ohne „GOTT", ohne Berücksichtigung der *TRANSZEN-DENZ*, ohne Transpersonalität, nicht auskomme.

In Deinem letzten Brief fragst Du nun recht aggressiv an: was denn mein ganzes Gerede von Gott, von Transzendenz, eigentlich solle, ob ich vielleicht die Verantwortung nicht selber tragen wolle, ob ich im Angesicht meiner Ohnmacht einen mächtigen Gott im Himmel brauche, ob die Sache mit Gott nicht eine Droge sei, um das kritische Bewusstsein zu vernebeln?

Wie Du weißt, habe ich mit den Hütern der Religion, die sehr viel von Gott reden - und manchmal auch von Gott schwafeln - so meine Probleme. Ich möchte deshalb nicht, dass Du mich pauschal mit ihnen in einen Topf wirfst.

Um Dir zu verdeutlichen, was ich meine, wenn ich „GOTT" sage, möchte ich Dir einen beeindruckenden Traum erzählen, der mich vor einiger Zeit heimgesucht hat. Genau wie Du höre auch ich auf die Weisheit meiner Träume. Und so glaube ich, in diesem Traum, einem „Gottestraum", Entscheidendes über die Art und Weise erfahren zu haben, wie das traumproduzierende Unbewusste in seinen Bildern über „GOTT" spricht.

Also folgendes träumte mir:

„**Ich** stehe mit drei anderen Menschen zusammen und diskutiere mit ihnen heftig und kontrovers über GOTT.

Meine Position ist die eines aufgeklärten Christen: Ich berufe mich auf Jesus von Nazareth und seine transformatorische Vorstellung vom menschenfreundlichen Gott: GOTT ist den Menschen zugewandt, so vertrete ich, GOTT ist für die Menschen da.

Mein erster Diskussionspartner greift mich massiv an: Das Gerede vom menschenfreundlichen Gott sei alles hirnverbrannter Unsinn, geboren aus einem unausrottbaren Wunschdenken. GOTT, das sei eine fürchterliche Macht, vor der man erzittern müsste vor Angst - und dabei bebt er heftig und zittert vor Angst wie Espenlaub.

Ich versuche dagegen zu argumentieren mit meiner These vom menschenfreundlichen GOTT, vor dem man keine Angst zu haben brauche. Ich berufe mich wieder auf Jesus von Nazareth, der GOTT in seiner Erfahrung als „ABBA", also als: „Wie-ein-Vater-zu-uns" erlebt und verkündet hat. Doch der Ängstliche bleibt bei seiner furchterregenden Gottesvorstellung und predigt laut den mächtigen und grausamen Gott.

Mein zweiter Diskussionspartner ist ein entschiedener Atheist, jemand, der die Existenz Gottes leugnet. Er lacht uns beide aus und meint, wir hätten uns da in unserer Vorstellung einen Gott gebastelt, den es gar nicht gäbe, ich mir einen menschenfreundlichen, der andere sich einen gräulichen.

Für ihn dagegen, den Atheisten, stehe fest, dass es Gott nicht gebe. Nur schwache Menschen würden sich in ihrer Fantasie einen Gott schaffen, entweder einen hilfreichen oder einen aggressiven, je nach Bewusstseinslage. Er dagegen sei ein aufgeklärter, emanzipierter Mensch, der sich keinen Gott basteln brauche. - Er ähnelt übrigens Dir, lieber Heiko, in seiner Art und seinen Argumenten.

Nach einer Weile intensiver, heftiger Diskussion zwischen uns dreien schaltet sich der Vierte ein. Er meint, er könne es nicht verstehen, warum wir uns so ereiferten über eine Sache, die ihm völlig gleichgültig sei. Ob Gott oder Nicht-Gott, das sei ihm total egal. Was ihn einzig und allein interessiere, sei das Geld, die Macht und schöne Frauen. Wir sollten es ihm doch gleichtun, uns für Geld und Sex engagieren und nicht für so einen Unsinn wie die Sache mit Gott, von der man ja sowieso nichts habe.

Wir widersprechen ihm deutlich und massiv. Unsere Auseinandersetzung wird immer härter und aggressiver. Sie wogt hin und her, ohne jemanden zu bewegen, von seiner Position abzuweichen. Wir stehen hart gegeneinander, ein Konsens, eine Übereinstimmung ist nicht in Sicht und auch kaum denkbar.

Da geschieht plötzlich etwas Eigenartiges, Traumhaftes:

Es nähert sich uns eine Art Lichtkreis. Zuerst sind wir verwundert. Doch mit zunehmender Nähe fasziniert uns dieser eigenartige Lichtkreis. Als er bei uns angekommen ist, umfasst er mich und umschließt den Angstvollen. In dem Moment, in dem er mein und sein Herz durchdringt und uns verbindet, spüre ich die Anwesenheit einer ungeheueren Liebesenergie und eine mächtige Vertrauenskraft, die den Angstvollen und mich trägt und uns vereint.

Ich nehme wahr, dass auch der Angstvolle es spürt und - wie vom Blitz getroffen - **wissen** wir in diesem Augenblick beide: Das IST GOTT, der uns berührt, diese Gegenwart einer gewaltigen Liebe, diese bebende Präsenz, die uns umfasst, das ist GOTT. Wir wissen es einfach, jenseits aller Argumente.

Ergriffen von jener Liebeskraft fallen wir uns in die Arme. Dabei spüre ich ganz tief in mir: Dies` ist unsere Aufgabe: Sich von jener unbeschreiblichen Liebe ergreifen lassen und in ihrer Kraft die Welt umarmen und gestalten!

Das gleiche wiederholt sich in ähnlicher Intensität mir mir und den beiden anderen, dem Atheisten und dem Gleichgültigen.

Und jedesmal wissen wir: DAS IST GOTT !

Erschüttert und ergriffen nehme ich wahr, wie alles in mir jubelt: Es ist mir jetzt offenbar: Das IST GOTT, diese Liebespräsenz, die man mit Argumenten und Begriffen nicht einfangen kann.

Ich gewahre auch die Nutzlosigkeit jeder Diskussion über GOTT, wenn man nicht gleichzeitig VON-IHM ergriffen ist und IN-IHM-ZU-IHM erwacht.

Zuletzt umfasst uns alle vier der Lichtkreis mit seiner Liebeskraft und lässt uns in der Verbundenheit miteinander die beschriebene Liebes-Präsenz erfahren. Dann weitet sich die Lichterscheinung und durchdringt die Erde, den Weltraum, den Kosmos. Als es mir zu intensiv wird, erwache ich aus diesem ungewöhnlichen Traum mit klopfendem Herzen, bebendem Leib und einem Schluchzen vor Freude und Jubel.

Nachdem ich mich wieder gefangen habe, stehe ich auf und notiere den Traum, denn ich weiß, er enthält eine wichtige Botschaft."

Soweit mein Gottestraum, lieber Heiko.

Vielleicht verstehst Du nun etwas besser, was ich meine, wenn ich „von GOTT rede".

Ich meine nicht den Über-Vater im Himmel. Ich meine nicht den Hilfsgott für die Schwachen, nicht den: „Hab`- mich - lieb- und - lass - mich - sonst - in - Ruhe"- Kuschelgott. Ich meine nicht die Gottesdroge vieler Religiöser und heute auch vieler Esoteriker. Ich meine nicht den autoritären Kirchen-Stabilisator-Gott. Ich meine „GOTT", so wie ich ihn symbolisch in meinem Traum erfahren habe als eine ergreifende WIRKLICHKEIT, die sich in die Traumbilder „einbilderte" und in ihnen aufrichtend und verbindend aufleuchtete, „GOTT" wie er uns auch von Jesus von Nazareth bezeugt wurde: „GOTT IST DIE LIEBE und wer in der Liebe wohnt, der wohnt IN-GOTT und GOTT-IN-IHM", so heißt es in der Bibel.

Du kannst Dir nun sicher vorstellen, lieber Heiko, dass ich meinen Traum vom besseren Leben nur mit diesem Vorzeichen, diesem „Gottesvorzeichen" vor der Klammer des Lebens entwerfen kann. Alles andere wäre mir zu kurz geträumt und würde zu keinem besseren Leben führen.

Ich möchte daran mitarbeiten, möglichst viele Menschen auf diese Liebespräsenz hinzuweisen, damit sie ihr Leben in ihr nun neu und besser buchstabieren und leben lernen. Ich hoffe, wir sind in unserem brieflichen Gespräch ein Stück weitergekommen.

Ich grüße Dich herzlich,

Dein Lasse

Nachtrag 1: Rainer Maria Rilkes Gottesbild:

„Gott nicht mehr als ein demonstrierbares, forderndes Gegenüber, sondern als ein immer schon im tiefsten Inneren Gegenwärtiger und Wirkender, der vom Herzen in besonders schöpferischen, „glühenden" Augenblicken erfahren wird, ohne dass er sich dadurch „verriete", seinen Geheimnischarakter verlöre. "

Günther Schiwy

(In: Rilke und die Religion, Frankfurt a.M. 2006, S. 41)

Nachtrag 2:

Ein Gottestraum ist ein „Gottestraum", also ein träumendes Symbolgeschehen in der Tiefenpsyche - nach C. G. JUNG ein Traum aus der SELBST-Sphäre. Er sagt etwas darüber aus, wie die PSYCHE empirisch überprüfbar von Gott in Symbolen spricht, nicht mehr und nicht weniger.

(Als Music-Textival entfaltet in: „Lasse Los: Seid Ihr noch zu retten?" Kapitel: Als ich das bessere Leben suchte… da träumte mir von „GOtt" - S. 120 ff, Edition LOS Band 4, BoD Norderstedt 2016)

Selbstveranschaulichung des S E L B S T

Am intensivsten ist das Erleben in jenen seltenen Fällen, in denen das SELBST sich selber veranschaulicht: wenn es um Etwas ganz Fundamentales geht. Dann nimmt das Erleben jene Intensität und auch Qualität an, die heute in der Religionswissenschaft als *numinos* - als faszinierend und erschütternd zugleich - bezeichnet wird. Erlebnisse des SELBST haben nicht nur jene *Intensität*, über die in der religiösen Tradition von Gotteserlebnissen berichtet wird, sondern auch jenes *Erscheinungsbild*. Die Analyse der Gestaltungen des Unbewussten hat nämlich ergeben, dass das

S E L B S T

wenn

es sich

selber veran-

schaulicht, dazu

jene Gestalten und

Symbole bildet, welche

Religionswissenschaftler aus

den verschiedensten Kulturen als

G o t t e s b i l d e r

zusammengetragen haben. Das heißt,
dass die im Verlauf der Kulturgeschichte
zu Stande gekommenen Gottesbilder als synonyme
Selbstveranschaulichungen des SELBST aufzufassen sind.

Willy Obrist

(In: Die Natur - Quelle von Ethik und Sinn – Zürich 1999 S.312)

Traum alternativer Wunscherfüllung durch „den lieben Gott".

Im Traum taucht „Der Liebe Gott" auf, der jedem drei Wünsche erfüllt. (Als Abkürzung für „ihn" wähle ich „DLG"!) DLG gewährt die Wunscherfüllung aber nicht so, wie es der oder die Wünschende möchte, sondern auf eine ganz besondere Art (analog zu den drei Stadien von Kierkegaard, dessen Name im Traum aber nicht fällt, sondern erst bei der Traumdeutung in Erinnerung kommt.)

Lebt ein Mensch als Egozentriker nach seinem eigenen Willen zur Lust und zur Macht (*ästhetisches Stadium* nach Kierkegaard), werden ihm seine Wünsche dadurch erfüllt, dass er in der Wunscherfüllung Übersättigung erfährt und in Krisen und Katastrophen gerät. Ihm kann bewusst werden, dass er - wenn auch unbewusst - *das Übel angestrebt* - hat. Dies gibt ihm die Chance, dieses Stadium zu überdenken und zu überwinden.

Lebt ein Mensch als Gut-Mensch nach sittlichen Grundsätzen (*ethisches Stadium* nach Kierkegaard), werden ihm seine Gut-Mensch-Wünsche in der Weise erfüllt, dass er in seinem Kampfe, *dem Übel zu widerstreben* und das Gute zu tun, letztlich scheitert in der Arroganz der Gut-Mensch-Meute.

Als dritte Möglichkeit eröffnet sich dem Menschen das, was ich als präsentosophisch geleitetes *präsentales Leben* bezeichne (*religiöses Stadium* nach Kierkegaard), in dem man *dem Übel nicht widerstrebt* (was für Leo Tolstoi am Evangelium so wichtig wurde!) und nicht mehr eventisch-zentriert lebt, weder egozentrisch noch sozio-, ethno- oder weltzentrisch (Ken Wilber), sondern *präsentisch-non-dual*. Dies entspricht auch dem wahren Willen von DLG, der hier bei der Wunscherfüllung kräftig mithilft.

Meine ausgewählten Jesus-Christus-Träume

Traumbescherung

Es
träumte
mir
vom Menschen-Mensch. Aufgerichtet
stand er vor mir, die Arme
ausgebreitet.
Er
sah mich
fragend an.

Ich wusste auch sogleich, wie
er mich jetzt bescheren wollte.
Doch sträubte ich mich heftig
gegen sein Gratis-Angebot.

Mich ließ er nun, nachdem ich
mich im Widerstand vergoren,
ganz sanft und zärtlich ausgleiten
ins Meer unendlichen Erbarmens.

Er ließ mich aufbereiten, garen
zur eigenen Mensch-Menschlichkeit.
Ach, wäre ich doch schon soweit,
wie es im Traum mir widerfahren.

Traum vom gefangengehaltenen Christus in der Abstellkammer einer Sakristei

Ich befinde mich im Traum als Zuschauer in einer christlichen Gemeinde. Nach einem Gottesdienst versammeln sich mehrere Pfarrer in der Sakristei ihrer Kirche. Dann lassen sie Christus, der in der Abstellkammer der Sakristei hausen muss, aus dieser frei, um sich mit ihm einmal wieder zu unterhalten. Er macht ihnen große Vorwürfe, dass sie ihn gefangen halten und nicht im Gottesdienst in die Mitte seiner Gemeinde lassen. Die Pfarrer rechtfertigen ihr Tun sehr eloquent mit dem immer wiederkehrenden Argument, sie könnten ihn ihrer Gemeinde nicht zumuten, da die meisten Gemeindeglieder ihn nicht pur ertragen würden. Dafür wären sie ja als Pfarrer da, um ihn der Gemeinde zu predigen und diese langsam an ihn heranzuführen. Würden sie ihn mit in die Gemeinde nehmen, würden die meisten Schäfchen aufgrund seiner radikalen bedingungslosen Liebe vor ihm und der Gemeinde flüchten. Alle Gegenargumente von Christus nützen ihm nichts! Die Pfarrer - sonst oft sehr zerstritten - sind sich in dieser Angelegenheit einmütig einig: Christus sollte in der Sakristei als Gefangener bleiben und ihnen ab und zu als Gesprächspartner dienen.

Ich finde das ganze - eindeutig herrschaftserhaltende - Pfaffentheater absurd und wundere mich nur, dass Christus dies trotz seines Protestes weiter hinnimmt. Ich frage mich, wie lange noch.

Dazu fällt mir mein „Christus-Traum" ein, den ich eine Weile vorher geträumt habe:

Ein Christus-Traum

Und mitten in der Nacht ein Krach!
Es bersten jäh die Kirchenmauern!
Der Christus bricht durch`s Kirchendach!
Das Kirchliche ist ihm zu flach!
Er will in ihm nicht mehr versauern!

Zu lang` ist er schon mitgetrottet,
hat alles liebevoll ertragen,
bis man ihn kirchlich abgeschottet
und ihn dogmatisch eingemottet.
Jetzt will er sich in Weite wagen!

Willst endlich werden, der DU BIST:

Als immanente Transzendenz
der EINEN - Liebe Ur-Präsenz,
in deren Licht der Mensch ermisst,
was Allverbundenheit im Zwist
bewirkt an lichter Konsequenz!

Traum von Eintrittskarten in das Versöhnungsreich von Jesus-Christus

Ich befinde mich in einer Art Tagungsraum mit vielen anderen Menschen - unter ihnen auch mein Lieblingsfeind, der Pfarrer Dr. Großgoschner.* Beide wissen wir, dass der jeweils andere anwesend ist, vermeiden aber den Kontakt. Dann tritt eine Gestalt auf, die sich als Jesus Christus outet und schenkt uns beiden je eine Eintrittskarte in sein Versöhnungsreich. Dies ist kein speziell abgetrenntes Reich, sondern eröffnet sich uns, indem wir die Eintrittskarten durch Kontakt und Versöhnung miteinander einlösen. Noch zaghaft beginnen wir damit, steigern die Intensität des Kontaktes bis wir uns sogar umarmen!

* Näheres in: „Lasse Los: R-Ausgeflogen - Ein bunter Abgesang auf einen Kreuzweg in und aus der real existierenden Kirche" - BoD Norderstedt 2016

„Alles Blech!" - Meine Spitzhackenaktion am Kreuzpunkt überdeckenden Blech gegen die harmonistische Vorstellung einer Auferstehung ohne den Durchgang durchs Kreuz

Ich bin im Traum mit mehreren Menschen, offenbar normalen „Kuschelchristen", um ein Kreuz versammelt, dessen Kreuzpunkt mit einem herzförmigen gewölbten grauen Blechschild überdeckt ist. Es soll offensichtlich der Brutalität der Kreuzigung durch eine „harmonistische", voreilig geglaubte Auferstehung die Schärfe nennen. Außerdem scheint es auch Ausdruck eines nur oberflächlich verstandenen Gottesbildes eines lieben Kuschelgottes zu sein. Ich bin empört über diesen Schwachsinn, ergreife eine Spitzhacke und schlage sie mehrfach in die Blechattrappe bis diese durchlöchert vom Kreuz fällt. Dabei mache ich den Umstehenden dringlich deutlich, dass Jesus am Kreuz geschrien habe: „Mein Gott, mein Gott, warum hast Du mich verlassen?" Dies sei für mich ein klarer Hinweis darauf, dass ihm bei der Kreuzigung auch sein bisheriges Gottesbild abhanden gekommen sei und er einen Durchbruch ins NICHTS des Kreuzpunktes erlebte, bevor er die darin verborgene Fülle geschmeckt habe, die man als seine Auferstehung deuten könne. So müssten auch wir uns dem Kreuz stellen, ohne die voreilig beruhigende Vorstellung einer Auferstehung ohne den Durchgang durchs Kreuz. Die Umstehenden reagieren auf meine Spitzhackenaktion völlig verständnislos und ihrerseits empört. Deshalb wiederhole ich sie noch ein paar Mal. Dabei steigert sich meine emotionale Beteiligung, bis ich mit rasendem Herzen und massivem Druck im Kopf erwache!

Traum von der alles tragenden und durchdringenden
L I E B E S P R Ä S E N Z

Ich erwache langsam aus einem sehr tiefen Traum mit einer starken inneren Bewegtheit. In mir und um mich herum ist die PRÄSENZ einer LIEBE, die mein verhärtetes Ego mit seinem Eispanzer und seinen Eisstacheln taut, die mich aufweicht und der ich langsam weiche, damit sie mich einnimmt und ICH sie BIN. Ich weine vor Rührung und vor Freude über diesen Schmelzvorgang und lasse mich auch jetzt im Wacherwerden tiefer darauf ein. Ich ruhe in ihr und weiß intuitiv, dass diese LIEBESPRÄSENZ die Basis für alles Leben ist. Diese Einsicht erscheint nun auch über mir in einer Art Leuchtschrift: „ÜBER ALLEM BLÜHET DIE LIEBE". Während ich mich - noch wacher werdend - weiter und tiefer darauf einlasse, kommt mir der Gedanke, dass die Christen für diese LIEBESPRÄSENZ ja einen Namen haben: CHRISTUS, der für sie Auferstandene, der Immer-Anwesende, den man auch anrufen kann. Da ich mich lange in der christlichen Tradition, wenn auch kritisch, mitbewegt habe, versuche ich die Etikettierung der LIEBESPRÄSENZ mit CHRISTUS - und siehe da, es funktioniert: Ich kann sie als ein DU ansprechen und sie reagiert weiter wie bisher mit ihrem mich und alles andere durchdringenden und tragenden Liebeswellen. Allerdings wird mir nun im weiteren Wachwerden bewusst, dass ich mich in dieser Weise auf einen Mythos einlasse, den Christusmythos. Das kann ich machen, so wie die Christen - die es aber nicht als Mythos sehen, sondern als konkret(istisch)e Realität - ich muss es aber nicht so betrachten und kann glauben: Die LIEBESPRÄSENZ bleibt die LIEBESPRÄSENZ, auch wenn ich sie nicht mit Christus etikettiere. Deshalb lasse ich sie einfach die LIEBESPRÄSENZ sein, als die sie sich mir offenbart.

In der Durcharbeit fällt mir dann der Streit von C.G. Jung mit den Theologen ein: Ist Christus ein Symbol des Selbst oder ist das Selbst ein Symbol Christi?

Über allem blühet die Liebe

Über allem blühet die Liebe!
Über dem Glühen der Triebe,
über dem Leiden durch Hiebe,
über dem ganzen Geschiebe,
über dem Ausgesiebe!
Und auch,
wenn
nichts
mehr bliebe:
Über allem blühet die Liebe!

<u>Traum vom strömenden Erbarmen</u>

Im Traum erlebte ich mit Wucht
ein strömendes Erbarmen.
Das Eisige schlug`s in die Flucht
mit seinem strömend Warmen.

Das Eisige als Trauerkrampf,
als Schulterlast aus Jahren.
Das Eisige aus Wut-im-Kampf,
wenn alles sich verfahren.

Das Eisige im Tauprozeß
als Tränenfluß und Wutausbruch.
Das Eisige im Trauerstress
nach des Erbarmens Trauungsspruch.

Meine ausgewählten Kirchen-Träume

Traum von der Kirchenmodernisierung mit Kirche als Cafe, Seelsorge-Mountain-Bike und Meditations-verweigerung

Das Presbyterium hat unsere Kirche *„modernisiert"!* Der Altarraum wurde multifunktional eingerichtet mit einer großzügigen spiegelverkleideten Bartheke, die in einen Altar umgewandelt werden kann. In der Kirche stehen Bartische und -Stühle, das Ganze als moderne Service-Station zum Ausruhen und Klönen, Kirche als Cafe mit Umbaumöglichkeiten zum Gottesdienstfeiern. Ich bin darüber ziemlich enttäuscht und traurig und ziehe mich in den rechten Kirchturm zurück. In ihm, der ursprünglich als Meditationsraum gedacht war, ist eine Steh-Leiter platziert, auf der man >näher zum Himmel sein kann<. Auf der Höhe des oberen Drittels der Stehleiter befindet sich ein großes Turmfenster, von dem aus man das Treiben in der modernisierten Kirche durch das neue lichtdurchlässige gläserne Kirchendach sehen kann. Unterhalb des Turmfensters hängt an Wandhaken das „Seelsorge-Mountain-Bike" des Pfarrers.

Ich betrete den Turmraum und platziere meine eigene Stehleiter mit einem Leiterfuß auf dem Fenstersims des Turmfensters und mit dem anderen auf der kircheneigenen Stehleiter. Dadurch bin ich in der Lage, >dem Himmel noch näher zu kommen<. Ich ersteige meine Leiter bis zum höchsten Punkt und lasse meiner Enttäuschung und Trauer über die verfehlte Kirchen-Renovierung in meinen Tränen freien Lauf. Nach einer Weile erscheint der Pfarrer, ersteigt die Turmstehleiter und betrachtet selbstgefällig >sein< Kirchen-Renovierungswerk durch das Turmfenster. Dann versucht er, das „Seelsorge-Bike" aus seiner Wandhalterung zu heben. Dabei stößt er sich an meiner Stehleiter. Darüber ist er so empört, dass er mich samt meiner Leiter aus dem Turm hinauswirft. Dagegen hatte ich gehofft, er würde mein

Tun würdigen. Mein Hinauswurf hat mich so verärgert, dass ich in der Kirche über Tische und Bänke gehe und sie dann verlasse. Dabei entdecke ich an einem Tisch noch so nebenbei die *„Neumann"-Söhne*, die sich in der modernisierten Kirche ganz offensichtlich sehr wohl fühlen.

Traum von kirchlichen Stolperstangen

Weil die Kirche an einem massiven Vertrauensschwund und zunehmenden Mitgliedermangel leidet, haben sich die Pfarrer unserer evangelischen Kirchengemeinde eine besondere Aktion ausgedacht, um Menschen wieder aufmerksam zu machen auf die Menschenfreundlichkeit der Kirche und besonders ihrer Gemeinde.

Sie haben in einer verdeckten Aktion unter dem Gehsteig vor dem Gemeindebüro einen Mechanismus angebracht, der vom Gemeindebüro aus gesteuert werden kann. Es handelt sich um die Möglichkeit, per Knopfdruck aus dem Gehsteig blitzschnell und kaum wahrnehmbar kurze Stolperstangen hochzuschieben. Wenn nun jemand vorbei geht, soll er dieser Stolperfalle ausgesetzt werden. Falls er fällt, lässt man die Stangen per Knopfdruck sofort wieder verschwinden. Von einem Helferkommando aus dem Gemeindebüro wird der Gefallene aufgesammelt, freundlich verarztet und wenn nötig per Gemeindebus ins Krankenhaus oder nachhause gebracht. Man hofft, das derjenige, dem dies widerfährt, ohne dass er den diabolischen Hintergrund bemerkt, sich der Kirche gegenüber offener zeigen wird. Im Traum hoffe ich nur, dass möglichst viele Menschen diese gemeine Täuschung durchschauen, sich dagegen wehren und sich angewidert abwenden!

Traum von AUFRICHTUNG kontra Ausrichtung

Im Traum bin ich vorgeladen, um darüber Auskunft zu geben, was an meiner Jugendarbeit denn nun das „Wahrhaft-

Christliche" sei. Auf der einen Seite steht der Pfarrer Dr. Großgoschner als Vertreter von Kirche und tradiertem Glauben. Auf der anderen Seite befinden sich verschiedene Jugendliche, die ich im Laufe meiner 25jährigen Arbeit begleitet habe. Sie stehen der verfassten Kirche wohlwollend gleichgültig gegenüber und hängen einem areligiösen Zeitgeist an. Mein Platz ist zwischen beiden, nicht als Vermittler zweier gegensätzlicher Positionen, sondern als Vertreter einer Aufrichtungslebensweise, die ich vom „Wahrhaft-Christlichen" herleite. Zuerst bin ich derjenige, der sich rechtfertigen muss. Mein Axiom: Aufrichtung - Ja! Ausrichtung - Nein! wird von beiden Seiten grundsätzlich bejaht, doch bei genauerem Hinsehen von jeder Seite an der je eigenen Position „ausgerichte(r)t"! Der Kirchenvertreter beharrt darauf, dass eine Ausrichtung an der Aufrichtungsbotschaft des Evangeliums notwendig sei, um diese human auszuschöpfen. Ich halte dagegen, dass Ausrichtung an Aufrichtung weiterhin Ausrichtung bleibt, und deshalb inhuman und eigentlich nicht „wahrhaft christlich" ist. Die Jugendlichen sind von meinen Versuchen, mit ihnen Aufrichtung zu leben, sehr angetan, doch beharren sie darauf, dass dies je nach Lust und Laune zu geschehen habe, je nach der für sie noch notwendigen Ausrichtung am Angesagten. Für sie bleibt Aufrichtung im Unverbindlichen, während für den Kirchenvertreter Aufrichtung nur in verbindlicher Ausrichtung am Tradierten möglich sei. Meine Position ist die eigentliche Aufrichtung ohne jegliche Ausrichtung!

In einem sehr langen kontroversen Diskurs arbeite ich meine Position heraus und kehre die Lage um: Gegen Ende müssen sich die beiden anderen Positionen vor mir rechtfertigen, was ihnen allerdings nicht gelingt. Im Gleichnis gesprochen ist meine Sicht wie Wasser, also tragfähig und nährend, die der Kirche wie gefrorenes Wasser - also Eis, zwar tragfähig aber eiskalt - und die der Jugendlichen wie verdunstetes Wasser - also Dunst und so nicht tragfähig!

Kritischer Kirchentraum eines scheidenden Bischofs

„In einem Hörfunkinterview im Südfunk vom November 1980 zum Thema «Träume von der Kirche» erzählte Bischof Heidland *(echter Name)* anlässlich seiner Verabschiedung und Pensionierung als Bischof der evangelischen Landeskirche in Baden folgenden Traum:

Ich befinde mich in einer großen Backsteinkirche, wie man sie häufig in Norddeutschland findet. Es war so wie nach einem Bombenangriff im Krieg. Das Dach war durch Naturgewalten abgetragen. Es wehte ein ganz starker Wind, beinahe ein Sturm. Backsteine, Mörtelstücke und Staub fallen auf mich herunter. Ich hatte Mühe, aus der Kirche herauszukommen, damit mich diese Trümmer nicht verletzten.
Draußen befinde ich mich in einer Menge von Leuten, die ebenfalls ins Freie strömt. Es geschah jedoch nicht hastig, sondern eher so, wie man sonntags ins Grüne geht. Plötzlich war es nun so, dass der Wind nicht mehr den Charakter eines Sturmes hatte und blauer Himmel über uns war. Außerhalb der Kirche war frische Luft, die einen wieder atmen lässt.
Ich verlasse die große ehrwürdige Kirche und den Staub, der da herunterfällt. Obwohl ich noch nicht genau weiß, wo ich mich hinbewegen soll, bin ich innerlich ganz friedlich und ruhig. Ich bin gewiss und weiß, dass es gutgehen wird. Die Freiheit, in etwas Grünes und Frisches zu gelangen, spürte ich deutlich.

Tiefenpsychologisch betrachtet, ist dieser Traum ein ganzes Stück weit durch den Abschied von dem hohen kirchlichen Amt verständlich. Ähnlich wie der Bischof die Kirche im Traum verlässt, verlässt er sie auch anlässlich seiner Pensionierung. Bei dem Abschied, der meistens viele Menschen ängstigt oder zumindest wehmütig stimmt, erlebt der hohe kirchliche Amtsträger in seinem Traum eine friedliche Gestimmtheit, wie es heißt: «Obwohl //(S. 19) ich noch nicht genau weiß, wo ich mich hinbewegen soll, bin ich innerlich ganz friedlich und ruhig.» Doch wir wollen uns hier nicht in das subjektive Befinden des Träumers vertiefen, sondern seine Vision von der Zukunft der Kirche hören: «Ich glaube, dass wir großen Veränderungen in der Kirche entgegengehen, was die Gestalt und Struktur der Kirche betrifft. Ich glaube, wir brauchen frischen Wind in der Kirche, der uns unter Umständen manches Unangenehme ins bisherige Konzept bringt!» ... Bischof Heidland beklagt in diesem Interview, dass die üblichen gesellschaftlichen Lebensformen und die traditionellen Glaubensformen der Kirche viele Menschen beeinträchtige. Andererseits heißt es in der Trauminszenierung des Bischofs: «Außerhalb der Kirche war frische Luft, die einen wieder atmen lässt. Ich verlasse die große ehrwürdige Kirche und den Staub, der da herunterfällt.» Dieses Traummotiv wirft auch die Frage auf, warum nicht frische Luft und frischer Wind innerhalb der Kirche wehen.

Der Bischof und Seelsorger erlebt hier in der eigenen Seele, was ich aus zahlreichen Kirchenträumen erfahren habe. Viele Menschen, die ein sogenanntes kirchliches Leben führen oder sich in der Kirche engagieren oder gar Mitarbeiter der Kirche sind, streben in ihren Träumen aus der Kirche heraus ... Nach meinen Erfahrungen hat das Verlassen der Kirche etwas zu tun mit einer zu starken Beeinträchtigung und Einengung durch erstarrte kirchliche Glaubensformen."

(In: Helmut Hark* – Vom Kirchentraum zur Traum-Kirche. Olten 1987, S. 19 f)

[* Theologe, Tiefenpsychologe und Fachmann für Traumarbeit]

Traum von der jüdischen Forderung nach Rückgabe des „Judenbolzens"

Im Traum befinde ich mich in einer Landschaft mit schwer beschädigten bis zerstörten Kirchen. Ihre zum großen Teil zerbrochenen Wände bestehen aus dicken Stahlplatten, die mit mächtigen Bolzen zusammengehalten wurden. Sie heißen im Traum die „Judenbolzen"! Und sie werden nun von gläubigen Juden zurück gefordert.

Assoziation: Jesus, der „Judenbolzen", der die Kirchen mit ihrer Interpretation von ihm bisher zusammenhielt!

Visionärer Tagtraum beim Berliner Kirchentag 1989

In einer Kirchentagsbuchhandlung während des Deutschen Evangelischen Kirchentages 1989 in Berlin fiel mir das Buch von **Willy Obrist: „Neues Bewusstsein und Religiosität. Evolution zum ganzheitlichen Menschen - 1988"** in den Blick. Neben Begegnungen mit Freunden am Wannsee bestand die sonstige Kirchentagszeit darin, mich in die Halle der Stille auf eine Ruhematratze zurückzuziehen und das Buch zu „verschlingen". Die Lektüre war eine mittlere Offenbarung und leitete im Wendejahr meine sich schon seit 1983 andeutende „Präsentosophisch-Integrale Wende" (siehe Brief zu meinem „Gottestraum") nach der existentialistischen Wende 1964 und der spirituellen Wende 1973 nun endgültig ein - verbunden mit einer Vision:

Während ich einmal im Freien relaxend in der Sonne saß und die vielen jungen Menschen in die Kirchentags-Messehallen strömen sah, verwandelte sich der Messehallenkomplex in einen riesigen alten sterbenden Mann, der durch das Kirchentags-Jungvolk noch ein wenig Lebensenergie für eine nur noch kurze Zeit zugeführt bekam. (Tagesrest: Zur gleichen Zeit lag Khomeini im Sterben und wurde mit Jungfrauenfrischblut behandelt, was sein Leben aber auch nur um ein paar Tage verlängerte!)

Meine Vision ließ mich in überdeutlicher Klarheit schauen, dass auch Kirchentagsaufbrüche die realexistierende Kirche nicht mehr retten können! Dass ich dann doch noch so lange bei Kirchens (bis 2001) mitgearbeitet habe, liegt an meiner tiefenpsychologischen und tiefentheologischen Einsicht in die symbolische Bedeutsamkeit des christlichen Mythos als wichtigem Schritt in der alteuropäischen Bewusstseinsevolution, wenn man ihn symbolisch, d.h. personal-tiefenpsychologisch-individuations-fördernd und nicht historisch-faktisch-wörtlich nimmt. *(Die Bibel nicht wörtlich nehmen, sondern wirtlich!)* Meine Hoffnung, diese befreiende Einsicht könne sich in der real(vegetierend)en protestant(agonist)ischen Kirche noch durchsetzen und sie nach ihrem sich gerade vollziehenden Sterben und baldigem Tod zu einer neuen Auferstehung „begnadigen", hat sich dann aber immer mehr zerbröselt.

Als „Darwin der Bewusstseinsevolution" hat Willy Obrist das, was Jean Gebser bei seiner inspirierten Erforschung der Bewusstseinsmutation eher intuitiv erfasste, in jahrelanger interdiszipinärer Forschung wissenschaftlich nachgewiesen.
Sein Fazit lautet: Religion als >>ein soziokulturelles Gebilde, vom archaischen Weltverständnis geprägt << ist heute nicht mehr haltbar. Was aber bleibt, ja, sich neu entwickelt, ist >>Religiosität<< als >>eine Haltung, die für ein ganzheitliches Menschsein wesentlich ist<<. Dabei gewinnt das erweiterte Empirieverständnis der Tiefenpsychologie und ihre Entdeckung, das Mythos Gestaltung des Unbewussten ist, eine neue aktuelle Bedeutung. In diesem Lichte erscheint dann der christliche Mythos, befreit von allen archaischen und metaphysischen Projektionen, als eine lebendige Kraft bei zeitgemäßen Individuationprozessen.
Und hier nun verortet sich offensichtlich das immer wieder neu aufbrechende zeitbedingte Interesse am Christentum, offensichtlich aber meist ohne die neue Bewusstheit und damit leider noch archaisch gebannt, wenn auch postmodern „verhackstückt".

Hier kann die Sichtenwende von Willy Obrist nun wirklich weiterhelfen!
(Weitere Literatur von Willy Obrist zur Thematik im Anhang.)

Auf-hören

Die

Liebe höret immer auf!

Lasse Los

Einbilderung

Wen man mit Verklärung ziert,

der wird meist verfälscht tradiert,

wird geschliffen, eingebildert,

erdenthoben abgemildert,

in Begriffen abgeklärt,

im begehrten Bild verehrt.

Vom   Ur-Eigenen entleert,

darf er nur noch weiterleben

im absichernden Bestreben

seiner eigenen Tradierer, die

ihn nur gewinnen lassen

als begnadeten Verlierer,

als ersehnten Wegbereiter,

als verschnittenen Begleiter

ins selbstverwandte Paradies.

Nachklang

Einige gewichtige Stimmen

Martin Buber(1878 - 1965) Jüdischer Religionsphilosoph

„Jesus habe ich von Jugend auf als meinen großen Bruder empfunden. ... Mein eigenes brüderlich aufgeschlossenes Verhältnis zu ihm ist immer stärker und reiner geworden, und ich sehe ihn heute in stärkerem und reinerem Blick als je". *In: Martin Buber: Zwei Glaubensweisen - Zürich 1950 S. 11)* „Jesus ist mein älterer Bruder, aber der Christus der Kirche ist ein Koloss auf tönernen Füßen."
In: Ben-Chorin, Schalom: Zwiesprache mit Martin Buber, München 1966

Peter Erlenwein, Sozialwissenschaftler, Psychotherapeut, Leiter des Institutes für Integrale Entwicklung

„Das vorgestellte Bild Yeshuas oder Gottes versperrt mir den Weg, denn da ist ja kein >>Ich<<, so wie es unsere Durchschnittspsychologie versteht. Kein Objekt, keine Person, die greifbar wäre. Christus ist >>nur<< ein Wort für einen ekstatischen, aller Natur eigenen Vorgang des Liebens, und der historische Jesus ist das temporäre Gesicht dieser Liebe." *In: Peter Erlenwein, Der Geist des Erwachens. Jesus für Christen und Nichtchristen. Königsfurt Verlag, Krummwisch bei Kiel 2004, S. 203/204*

Willigis Jäger (1925 – 2020) Benediktinermönch, Zenmeister und suspendierter katholischer Priester

"Jesus war ein historischer Mensch, Christus aber ist Symbol für die ewige transpersonale Seinsweise, die in allen Menschen angelegt ist und sich entfalten soll. Wir sind alle gesalbt mit dieser Seinsweise ..."
In: Willigis Jäger: Suche nach dem Sinn des Lebens, Petersberg 1991, S. 121

C. G. Jung (1875 – 1961) Schweizer Psychiater und Begründer der analytischen Psychologie

„Die Christenheit als Ganzes ist weniger am historischen Menschen Jesus und seiner etwas zweifelhaften Biografie interessiert als an der mythologischen Anthropos- oder Gottessohnfigur. Es wäre ziemlich gewagt zu versuchen, den historischen Jesus als Person zu analysieren. „Christus" erscheint auf einem viel zuverlässigeren (da mythologischen) Hintergrund, der zu psychologischer Durchleuchtung einlädt. Außerdem ist es nicht der jüdische Rabbi und Reformator Jesus, sondern der archetypische Christus, der sich mit dem Archetypus des Erlösers in jedem von uns trifft und Überzeugung bringt."

In: Jung und der religiöse Glaube (1957), GW 18/II, S. 800, Paragraf 1687. Olten 1981

Luise Rinser (1911 – 2002) Schriftstellerin

„Ich sehe daraus, wie schon oft, dass die Wahrheit in Körnchen versprengt überall sich findet! Wie klein ist wohl unser christliches Körnchen im Vergleich zur Wahrheit selbst?"

In: Luise Rinser. Gratwanderung München 1994, S. 3

Carl Friedrich von Weizsäcker (1912 – 2007) Physiker, Philosoph und Friedensforscher

„Jesus begegnete mir, wohl im zwölften Lebensjahr, bei der ersten spontanen Lektüre des Neuen Testamentes, in der Bergpredigt, den Gleichnissen, den Gerichtsreden. Das ist wahr - so empfand ich damals, so empfinde ich heute. Dass Jesus der fleischgewordene Logos, der fleischgewordene Christus sei, habe ich, seit ich darüber nachzudenken begonnen hatte, spätestens im 16.Lebensjahr, nur als eine Gleichnisrede empfinden können, vielleicht eine sehr tiefe, deren wahre Bedeutung ich gerne verstände. Aber in späteren Jahren haben mir zwei spiegelbildliche Kritiken am Christentum Eindruck gemacht. Juden: >> Jesus war der größte Rabbi. Dass die Christen ihn zum Gott gemacht haben, ist Gotteslästerung.<< Inder: >> Jesus war eine der größten göttlichen Inkarnationen. Dass die Christen ihn zur einzigen Inkarnation gemacht haben, ist jüdischer Fanatismus.<<

So wichtig es wäre, die Wahrheit in der Christologie zu verstehen, ich werde doch das Empfinden nicht los, dass die kirchliche Christologie uns zwei Drittel der Wirklichkeit Jesu verhüllt. Aber auch keine sektiererische oder philosophische Christologie hat mir imponiert".

In: C. F. v. Weizsäcker: Zeit und Wissen, München, Wien 1992, S. 1050

Joseph Campbell (1904 – 1987)
Bedeutender Mythen-forscher des 20. Jahrhundert

Joseph Campbell selbst war in der römisch-katholischen Kirche aufgewachsen. Er kehrte ihr den Rücken, als er bei seinen mythologischen Studien den Eindruck gewann, hier werde ein viel zu vordergründiger Glaube gepredigt, der einem Erwachsenen keine Nahrung mehr bietet.

Mit fünfundzwanzig trat er wie so viele andere seines Alters aus der Kirche aus. Später relativierte er diese zunächst bitter und enttäuscht wirkende Abkehr ein wenig und räumte ein, konkrete Deutungen seien für Kinder so lange vertretbar, wie sie noch keinen Sinn für Metaphern entwickelt hätten. Er hat jedoch nie wieder die Messe besucht, obgleich er deren machtvolle Symbolik in seinen Vorlesungen immer wieder beschwor.

Kein echter Gläubiger irgendeiner Tradition muss eine Beschädigung seines Glaubens durch die Lektüre Campbells befürchten. Man wird vielmehr sehen, dass man seine Religion nicht aufgeben muss, um ihre ... Lehren und Rituale auf einer tieferen Ebene zu verstehen.

Am Ende seines Lebens, so schrieb Pythia Peay in einem Artikel mit dem Titel »Campbell and Catholicism«, »unterzog er sich im San Francis Hospital von Honolulu einer Laserbehandlung. In seinem wie in jedem anderen Zimmer dieser Klinik hing ein kleines Kruzifix aus Messing an der Wand. Es war aber nicht wie sonst der leidende

Christus mit Wunden und hängendem Kopf, sondern die Gestalt am Kreuz war bekleidet, hatte den Kopf erhoben und die Augen offen. Die Arme waren wie zu einer freudigen Umarmung ... ausgebreitet.« Es war der Siegreiche Christus, von dem Campbell häufig gesprochen hatte ...

Wie Peay weiter schreibt, erlebte Campbell während der letzten Wochen seines Lebens »die ganze Tiefe des //(S. 19) christlichen Symbols«. Sie zitiert seine Frau, Jean Erdman, mit den Worten: »Er sah das mit staunender Begeisterung, denn für ihn war Christus hier in seiner mystischen Bedeutung zu sehen ... « In diesem Krankenhauszimmer, fuhr seine Frau fort, »erlebte er mit seinem Fühlen, was er bis dahin nur mit dem Verstand erfasst hatte. Diese Christusdarstellung im Krankenhaus half ihm, den Konflikt mit der Religion seiner Kindheit zu lösen.« (S. 20)

In: Joseph Campbell, Das bist du, HG: Eugene Kennedy, München 2002, S. 19/20

Robert Mächler (1909 – 1996) Religionskritischer Philosoph, Schriftsteller und Journalist

„Man befürchte nicht, dass beim Verschwinden des historischen Religionswesens Atheismus und Nihilismus allmächtig werden. Diese sind affektiv übersteigerte Reaktionen auf das Religionswesen, gleichsam Krankheiten im Übergang des Menschen zur Mündigkeit. Der mündig gewordene Mensch wird nicht Atheist und Nihilist sein, wohl aber Agnostiker - Agnostiker mit religiösem Ahnungsvermögen und, wenn ich dem eigenen Ahnungsvermögen trauen darf, ein **christophiler Agnostiker**: einer, der von den »höheren Dingen« nichts Bestimmtes zu sagen wagt, jedoch immer wieder die Geistesmacht und das Geheimnis Jesu von Nazareth empfindet."

In: Deschner, Karlheinz, [HG] Robert Mächler, Zwischen Kniefall und Verdammung, Merlin Verlag, Gifkendorf 1999, S. 184 - zuerst erschienen unter: „Erlösung von der Kirche" in: evolution, März 1963, S. 73 – 75

Bei der Lektüre kam mir spontan der Einfall - für die Präsentosophia - von **Präsentophilia** = **Liebe zum Präsent(-)sein**. Analog zu Mächlers christophilem Agnostiker würde ich mich als einen **präsentophilen Agnostiker** begreifen und bezeichnen. Die Präsentosophia befasst sich mit dem Präsent(-)sein - in Bezug auf die Gottesfrage ist sie eine Agnostikerin - eine präsentophile Agnostikerin, die sich an den Gottesbegriff mit dem Präsenz-Begriff annähert - mehr aber auch nicht!

Durchstöberte Literatur

Albrecht, Carl
- Psychologie des mystischen Bewusstseins. Bremen 1951.
- Das mystische Erkennen. Gnoseologie und philosophische Relevanz der mystischen Relation. Bremen 1958.
- Das mystische Wort. Erleben und Sprechen in Versunken-heit. Dargestellt und herausgegeben von Hans A. Fischer-Barnicol. Mainz 1974.

Alt, Franz
- Jesus der erste Mann. München 1989
- Der ökologische Jesus. Vertrauen in die Schöpfung. München 1999

Augstein, Rudolf
- Jesus Menschensohn. München 1972

Barz, Helmut
- Selbst-Erfahrung. Tiefenpsychologie und christlicher Glaube. Stuttgart 1973

Ben-Chorin, Schalom
- Zwiesprache mit Martin Buber. München 1966
- Bruder Jesus. Der Nazarener in jüdischer Sicht, München 1967

Böschemeyer, Uwe
- Die Sinnfrage in Psychotherapie und Theologie. Die Existenzanalyse und Logotherapie Viktor E. Frankls aus theologischer Sicht. Berlin/New York 1977
- Dein Unbewusstes weiß mehr, als Du denkst. Wert-imagination als Weg zum Sinn. Freiburg i. Br. 1996
- Worauf es ankommt. Werte als Wegweiser. München/Zürich 2003
- Unsere Tiefe ist hell. Wertimagination - ein Schlüssel zur inneren Welt. München 2005
- Gottesleuchten. Begegnungen mit dem unbewussten Gott in unserer Seele. München 2007
- Vertrau der Liebe, die dich trägt. Von der Heilkraft biblischer Bilder. München 2009

Bonhoeffer, Dietrich
- Widerstand und Ergebung. Briefe und Aufzeichnungen aus der Haft. München und Hamburg 1970

Borg, Marcus/Riegert, Ray (HG)
- Jesus und Buddha. Worte, die unser Herz erleuchten. München 1999

Bornkamm, Günther
- Jesus von Nazareth. Stuttgart 1975[10]

Brantschen, Niklaus u.a.
- Das Viele und das Eine: Für eine weltoffene Spiritualität. München 2007
- VIA INTEGRALIS. Wo Zen und christliche Mystik sich begegnen. München 2011
- Zwischen den Welten daheim: Brückenbauer zwischen Zen und Christentum. Ostfildern 2017 (Autobiografie)

Braun, Herbert
- Jesus. Der Mann aus Nazareth und seine Zeit. Stuttgart/Berlin 1969

Brück, Michael von
- Buddhismus und Christentum. Geschichte, Konfrontation, Dialog; zus. mit Whalen Lai. München 1997
- Wie können wir leben? Religion und Spiritualität in einer Welt ohne Maß. München 2002
- Wie Zen mein Christsein verändert; zus. mit Willigis Jäger, Niklaus Brantschen u. a. Freiburg im Breisgau 2004

Buber, Martin
- Ekstatische Konfessionen. 1909
- Zwei Glaubensweisen. Zürich 1950
- Gottesfinsternis. Betrachtungen zur Beziehung zwischen Religion und Philosophie. Zürich 1953.
- Das dialogische Prinzip. Heidelberg 1973
- Begegnung. Autobiographische Fragmente. Stuttgart 1960

Buggle, Franz
- Denn sie wissen nicht, was sie glauben. Oder warum man redlicherweise nicht mehr Christ sein kann. Hamburg 1992

Campbell, Joseph
- Lebendiger Mythos. München 1987
- Die Kraft der Mythen. Bilder der Seele im Leben des Menschen. Zürich 1994
- Das bist Du. München 2002

Christ, Felix
- Jesus Sophia. Die Sophia-Christologie bei den Synoptikern. Zürich 1970

Deschner, Karlheinz [HG]
- Abermals krähte der Hahn. Eine kritische Kirchengeschichte. Stuttgart 1962
- Der gefälschte Glaube. Eine kritische Betrachtung kirchlicher Lehren und ihrer historischen Hintergründe. München 1988

- Robert Mächler, Zwischen Kniefall und Verdammung. Eine
  Auswahl aus seinem religons- und kirchenkritischen Werk.
  Merlin Verlag, Gifkendorf 1999
- Kriminalgeschichte des Christentums. 10 Bände.
  Reinbek 1986 – 2013
- Der Antikatechismus. 200 Gründe gegen die Kirchen und für
  die Welt (mit Horst Herrmann). Marburg 2015
- Auf hohlen Köpfen ist gut trommeln. Alte und neue
  Aphorismen - eine Auswahl letzter Hand. (Hrsg. Gabriele
  Röwer). Basel 2016

Dornemann, Axel
- Tolstoi-Brevier. Stuttgart 1998

Drewermann, Eugen
- Jesus von Nazareth. Befreiung zum Frieden. Glauben in
  Freiheit Band 2. Zürich/Düsseldorf 1996
- Dass auch der Allerniedrigste mein Bruder sei. Dostojewski -
  Dichter der Menschlichkeit. Zürich/Düsseldorf 1998

Drews, Arthur
- Die Leugnung der Geschichtlichkeit Jesu in Vergangen-
  heit und Gegenwart. Karlsruhe 1926

Dürckheim, Karlfried
- Der Weg, die Wahrheit, das Leben: Gespräche über das Sein
  mit Alphonse Goettmann. München 1988,

Dürr, Hans-Peter und Panikkar, Raimon
- Liebe - Urquelle des Kosmos. Ein Gespräch über Natur-
  wissenschaft und Religion. Freiburg im Breisgau 2008

Erlenwein, Peter
- Der Geist des Erwachens. Jesus für Christen und
  Nichtchristen. Krummwisch bei Kiel 2004
- Und sah die Himmel offen. Spiritualität diesseits und jenseits
  von Religion. Bielefeld 2014

Fox, Matthew
- Vision vom Kosmischen Christus. Aufbruch ins dritte
  Jahrtausend. Stuttgart 1991,
- Schöpfungsspiritualität. Heilung und Befreiung für die Erste
  Welt. Stuttgart 1993

Frankl, Viktor
- Der unbewußte Gott. Psychotherapie und Religion.
  München 1948
- Gottsuche und Sinnfrage. Ein Gespräch mit Pinchas Lapide
  Gütersloh 2005

Franz, Marie-Luise von
- Träume. Einsiedeln 1985
- Traum und Tod. Was uns die Träume Sterbender sagen. München 1984

Froboese-Thiele, Felicia
- Träume, ein Quelle religiöser Erfahrung? Göttingen 1957

Fromm, Erich
- Das Christusdogma und andere Essays. München 1963

Gebser, Jean
- Ursprung und Gegenwart. Stuttgart 1966

Geißler, Heiner
- Was würde Jesus heute sagen? Berlin 2003
- Kann man noch Christ sein, wenn man an Gott zweifeln muss? Berlin 2017

Gollwitzer, Helmut
- Krummes Holz - aufrechter Gang. Zur Frage nach dem Sinn des Lebens. München 1970

Griffiths, Bede
- Rückkehr zur Mitte. Das Gemeinsame östlicher und westlicher Spiritualität. München 1987

Grün, Anselm und Grün, Michael
- Zwei Seiten einer Medaille. Gott und die Quantenphysik. Münsterschwarzach 2015[3]

Haberer, Tilmann
- Kirchenfrust und Gotteslust. Die Sehnsucht nach einer glaubwürdigen Spiritualität. München 2005

Harpur, Tom
- Der heidnische Heiland. Die Auferstehung des ursprünglichen Glaubens. Das Jesus-Plagiat enthüllt. München 2005

Hark, Helmut
- Religiöse Traumsymbolik. Frankfurt am Main 1980
- Der Traum als Gottes vergessene Sprache. Olten 1982
- Vom Kirchentraum zur Traum-Kirche. Olten 1987
- Träume vom Tod. Stuttgart 1987
- Die Heilkraft der Träume. Die Kreativität des Unbewussten nutzen. München 2000
- Kollektive Träume. Die gemeinsame Bilderwelt der Seelen. Düsseldorf/Zürich 2002

Herrmann, Horst
- Befreit Gott von den Gläubigen. Eine Liebeserklärung an Gott. Marburg 2015

Hüsch, Hanns Dieter
- Das Schwere leicht gesagt. Düsseldorf 1991

Hummel, Gerd
- Theologische Anthropologie und die Wirklichkeit der Seele.
  Darmstadt 1972

Jäger, Willigis
- Suche nach dem Sinn des Lebens. Petersberg 1991
- Westöstliche Weisheit: Visionen einer integralen Spiritualität.
  Stuttgart 2008

Jung, Carl Gustav
- Erinnerungen, Träume, Gedanken. Aufgezeichnet und
  herausgegeben von Aniela Jaffé. Zürich/Stuttgart 1962
- Der Mensch und seine Symbole. Olten 1968
- Briefe 1906–1961. 3 Bände. Olten 1972/73
- Aion. Beiträge zur Symbolik des Selbst. GW Band 9/II.
  Olten/Freiburg 1976
- Zur Psychologie westlicher und östlicher Religionen
  GW Band 11. Olten 1971
- Das symbolische Leben. GW Band 18/II Olten/Freiburg 1981
- C .G. Jung im Gespräch. Interviews, Reden, Begegnungen
  Zürich 1986
- Von Religion und Christentum. Einsichten und Weisheiten.
  Ausgewählt von Franz Alt. Olten 1987

Kahl, Joachim
- Das Elend des Christentums. Hamburg 1968
- Weltlicher Humanismus. Eine Philosophie für unsere Zeit.
  LIT-Verlag 2005

Kassel, Maria
- Biblische Urbilder. Tiefenpsychologische Auslegung nach
  C. G. Jung. München 1980
- Das Auge im Bauch. Erfahrungen mit tiefenpsychischer
  Spiritualität. Olten 1986
- Traum, Symbol, Religion Tiefenpsychologische und
  feministische Analyse. Freiburg im Breisgau 1991

Kaufmann, Rolf
- Das ewig Christliche. Glaubensbekenntnis und Mythos.
  Olten 1989
- Alte und neue Religiosität. Stuttgart 2006
- Am Puls der Evolution. Norderstedt 2010
- Monotheismus. Entstehung, Zerfall, Wandlung.
  Norderstedt 2015

Kaufmann-Ritter, Ursula
- Die Eulenfrau. Visionen und Träume auf meinem Weg. Frankfurt am Main 2004

Kegel, Günter
- Glaube ja, Kirche nein? Anstiftung zu einer neuen Reformation. Stuttgart 1994

Kubitza, Heinz-Werner
- Der Jesuswahn. Wie die Christen sich ihren Gott erschufen. Die Entzauberung einer Weltreligion. Marburg 2011
- Der Dogmenwahn. Scheinprobleme der Theologie. Holzwege einer angemaßten Wissenschaft. Marburg 2015
- Der Glaubenswahn. Von den Anfängen des religiösen Extremismus im Alten Testament. Marburg 2016
- Jesus ohne Kitsch: Irrtümer und Widersprüche eines Gottessohns. Marburg 2019

Küstenmacher, Marion
- Intergrales Christentum. Einübung in eine neue spiritueller Intelligenz. Gütersloh 2018

Küstenmacher, Werner Tiki
- JesusLuxus. Die Kunst wahrhaft verschwenderischen Lebens. München 2008
- Gott 9.0 – Wohin unsere Gesellschaft spirituell wachsen wird. Zus. mit M. Küstenmacher und T. Haberer. Gütersloh 2010

Kuitert, H.M.
- Kein zweiter Gott. Jesus und das Ende des kirchlichen Dogmas. Düsseldorf 2004

Lapide, Pinchas und Panikkar, Raimon
- Meinen wir denselben Gott? München 1994

Lüdemann, Gerd
- Der große Betrug. Und was Jesus wirklich sagte und tat. Lüneburg 1998
- Der echte Jesus. Seine historischen Taten und Worte. Ein Lesebuch. Lüneburg 2013

Mann, Ulrich
- Theogonische Tage: die Entwicklung des Gottesbewusstseins in der altorientalischen u. biblischen Religion. Stuttgart 1970
- Die Religion in den Religionen. Stuttgart 1975
- Tragik und Psyche. Grundzüge einer Metaphysik der Tiefenpsychologie. Stuttgart 1981

Maass, Hermann
- Der Therapeut in uns. Heilung durch aktive Imagination.

Olten 1981
- Wach-Träume. Selbstheilung durch das Unbewusste.
  Olten 1989

Mächler, Robert
- Der Optimystiker. Menschenfreundliche und andere Gedichte.
  Zürich 1948
- Der christliche Freigeist. Versuch einer wahrhaftigen Jesus-
  betrachtung. Zürich 1961
- Der Mensch ist nicht für das Christentum da. Ein Streit-
  gespräch über Gott und die Welt zwischen einem Christen
  und einem Agnostiker (mit Kurt Marti). Hamburg 1977
- Irrtum vorbehalten. Aphorismen und Reflexionen über Gott
  und die Welt, hrsg. v. Gabriele Röwer. Bern 2001

Mennekes, Friedhelm
- Beuys zu Christus. Eine Position im Gespräch.
  Stuttgart 1989

Mindell, Arnold
- Seine Träume deuten lernen. Peterberg 2003

Möller, Peter
- Das Religionsverständnis von C.G. Jung und seine Bedeutung
  für die religiöse Bildung. Unveröffentliche Diplomarbeit in
  Religionspädagogik an Pädagogischer Hochschule Aachen

Morgenthaler, Christoph
- Der religiöse Traum. Erfahrung und Deutung, Stuttgart 1992

Moser, Tilmann
- Gottesvergiftung. Frankfurt am Main 1976
- Gott auf der Couch. Neues zum Verhältnis von Psychoanalyse
  und Religion. Gütersloh 2011

Murillo, José Sánchez de
- Luise Rinser: Ein Leben in Widersprüchen.
  Frankfurt am Main 2011

Mynarek, Hubertus
- Jesus und die Frauen. Frankfurt am Main 1995

Obrist, Willy
- Die Mutation des Bewusstseins. Bern 1980
- Neues Bewusstsein und Religiosität. Olten 1988
- Archetypen. Olten 1990
- Tiefenpsychologie und Theologie. Zürich 1993
- Die Natur - Quelle von Ethik und Sinn. Zürich 1999
- Die Mutation des europäischen Bewusstseins.
  Norderstedt 2006

Perowanowitsch, Zoran

- Mit einem erweiterten Christusverständnis ins 21.Jahrhundert. Eine Synthese von Christentum und Buddhismus. Sölden : Kitesh 1998

Panikkar, Raimon
- Rückkehr zum Mythos. Frankfurt am Main 1985
- Den Mönch in sich entdecken. München 1989
- Der neue religiöse Weg. Im Dialog der Religionen leben. München 1990
- Gott, Mensch und Welt. Die Drei-Einheit der Wirklichkeit. Petersberg 1999
- Das Göttliche in Allem. Der Kern spiritueller Erfahrung Freiburg im Breisgau 2000

Peng-Keller, Simon
- Gottespassion in Versunkenheit. Die psychologische Mystikforschung Carl Albrechts aus theologischer Perspektive. Würzburg 2003

Pöhlmann, Horst Georg
- Wer war Jesus von Nazareth? Gütersloh 1976

Ranke-Heinemann, Uta
- Nein und Amen. Mein Abschied vom traditionellen Christentum. München 2004[5]

Renz, Monika
- Der Mystiker aus Nazareth. Jesus neu begegnen. Jesuanische Spiritualität. Freiburg im Breisgau 2013

Riedel, Ingrid
- Marc Chagalls grüner Christus. Olten 1985
- Träume - Wegweiser in neue Lebensphasen. Stuttgart 1997
- Seelenruhe und Geistesgegenwart. Düsseldorf 1999

Rinser, Luise
- Ich bin Tobias. Frankfurt am Main 1966
- Mirjam. Frankfurt am Main 1983
- Baustelle. Eine Art Tagebuch 1967 - 1970 Frankfurt am Main 1970
- Grenzübergänge. Tagebuch-Notizen 1970 - 1972 Frankfurt am Main 1972
- Kriegsspielzeug. Tagebuch 1972 - 1978 Frankfurt am Main 1978
- Den Wolf umarmen. (Autobiographie, Teil 1.) Frankfurt am Main 1981
- Winterfrühling. Tagebuch 1979 - 1982 Frankfurt am Main 1982
- Mirjam - Frankfurt am Main 1983

- Im Dunkeln singen. Tagebuch 1982 - 1985
  Frankfurt am Main 1985
- Wachsender Mond. Tagebuch 1985 - 1988.
  Frankfurt am Main 1988
- Wir Heimatlosen. Tagebuch1989 - 1992
  Frankfurt am Main 1992
- Saturn auf der Sonne. (Autobiographie, Teil 2.)
  Frankfurt am Main 1994
- Gratwanderung. München 1994
- Kunst des Schattenspiels. Tagebuch 1994–1997
  Frankfurt am Main 1997
- Reinheit und Ekstase. Auf der Suche nach der
  vollkommenen Liebe. (Mit H. C. Meiser) München 1998

Rohr, Richard
- Pure Präsenz. Sehen lernen wie die Mystiker. München 2010
- Entscheidend ist das UND. Kontemplativ leben UND
  engagiert handeln. München 2012

Rosa, Peter de
- Der Jesus-Mythos. Über die Krise des christlichen Glaubens.
  München 1991
- Meine Stunde ist noch nicht gekommen. Ein Roman über die
  frühen Jahre Jesu. München 1993

Rosenberg, Alfons
- Christliche Bildmeditation. München 1975
- Kreuzmeditation. Die Meditation des ganzen Menschen.
  München 1976
- Die Welt im Feuer. Wandlungen meines Leben.
  Freiburg im Breisgau 1983
- Einführung in das Symbolverständnis. Ursymbole und ihre
  Wandlungen. Freiburg im Breisgau 1984
- Wandlung des Kreuzes. Die Wiederentdeckung eines
  Ursymbols. München 1985
- Jesus der Mensch. Ein Fragment. München 1986

Sanford, John A.
- Gottes vergessene Sprache (über Träume). Zürich 1966

Schellenbaum, Peter
- Stichwort: Gottesbild. Stuttgart 1981
- Träum Dich wach. Lebensimpulse aus der Traumwelt.
  Hamburg 1998

Schiwy, Günther
- Der kosmische Christus. München 1990
- Abschied vom allmächtigen Gott. München 1995

- Rilke und die Religion. Frankfurt a.M. 2006

Smeets, René
- Jesus im Bild. Texte und Symbolfiguren. München 1975

Sölle, Dorothee
- Die Hinreise. Zur religiösen Erfahrung. Stuttgart 1979
- Mystik und Widerstand. Freiburg im Breisgau 2014

Specht, Harald
- Von ISIS zu JESUS. 5000 Jahre Mythos und Macht.
  Engelsdorfer Verlag 2011 2. überarbeitete Auflage.
- JESUS? Tatsachen und Erfindungen.
  Engelsdorfer Verlag 2010

Spong, John Shelby
- Was sich im Christentum ändern muss. Ein Bischof nimmt
  Stellung. Düsseldorf 2004

Staehelin, Balthasar
- Der psychosomatische Christus. Schaffhausen 1980

Stein, Murray
- Leiden an Gott Vater. C. G. Jungs Therapiekonzept für das
  Christentum. Stuttgart 1988

Swindells, John (HG)
- Bede Griffiths: Ein Mensch sucht Gott.
  Wegweisender Prophet des 20.Jahrhunderts. Petersberg 1998

Theißen, Gerd
- Der Schatten des Galiläers. Jesus und seine Zeit in erzählen-
  der Form. Gütersloh 1986
- Der historische Jesus. Ein Lehrbuch. Mit Annette Merz
  Göttingen 1996

Thich Nhat Hanh
- Buddha und Christus heute. Eine Wahrheit - zwei Wege.
  München 1995
- Jesus und Buddha. Ein Dialog der Liebe. Freiburg i.Br. 2016

Thiele, Johannes (HG)
- JESUS. Auf der Suche nach einem neuen Gottesbild.
  Düsseldorf/Wien 1993

Thomas, Klaus
- Religiöse Träume und andere Bilderlebnisse. Stuttgart 1994

Tillich, Paul
- Der Mut zum Sein. Stuttgart 1953
- Wesen und Wandel des Glaubens. Berlin 1961
- Auf der Grenze. Aus dem Lebenswerk Paul Tillichs.
  Stuttgart 1962

Unterste, Herbert

- Theologische Aspekte der Tiefenpsychologie von C. G. Jung. Düsseldorf 1977

Wehr, Gerhard
- Wege zu religiöser Erfahrung. Analytische Psychologie im Dienste der Bibelauslegung. Olten 1974
- C. G. Jung und das Christentum. Olten 1975
- Christusimpuls und Menschenbild. Freiburg 1974
- Karlfried Graf Dürckheim - Ein Leben im Zeichen der Wandlung. München 1988
- Jean Gebser - Individuelle Transformation vor dem Horizont eines neuen Bewußtseins. Petersberg 1996
- Christentum und Analytische Psychologie: Die Nachfolge Christi als Verwirklichung des Selbst. Stuttgart 2009

Weizsäcker, Carl Friedrich von
- Der Garten des Menschlichen. Beiträge zur geschichtlichen Anthropologie, Hanser, München 1977
- Die Seligpreisungen. Ein Glaubensgespräch. (mit Pinchas Lapide). München 1985
- Zeit und Wissen. München 1992

Wimberger, Gerhard
- Glauben ohne Christentum. Eine Vision. Marburg 2013

Wöller, Hildegunde
- Die getaufte Revolution. Mythus aus dem Untergrund München 1973
- Ein Traum von Christus. Stuttgart 1987

Wolff, Hanna
- Jesus der Mann. Die Gestalt Jesu in tiefenpsychologischer Sicht. Stuttgart 1975
- Jesus als Psychotherapeut. Jesu Menschenbehandlung als Modell moderner Psychotherapie. Stuttgart 1978
- Der eigene Weg. Sinnlich-Übersinnliches in Traum und Wirklichkeit. Stuttgart 1989
- DER UNIVERSALE JESUS. Die Gestalt Jesu im kulturell-religiösen Umfeld Indien. Stuttgart 1993

Zahrnt, Heinz
- Die Sache mit Gott. München 1966
- Jesus aus Nazareth. Ein Leben. Gütersloh 1987
- Mutmaßungen über Gott. Die theologische Summe meines Lebens. München/Zürich 1994

Zink, Jörg
- Jesus. Funke aus dem Feuer. Freiburg im Breisgau 2005
- Gotteswahrnehmung. Gütersloh 2009

Bisher in der Reihe Edition LOS erschienen

*(Leseproben bei BoD – www.bod.de und einige Hörproben
auf meinem YouTube-Kanal „Lasse Los"
unter dem jeweiligen Titel)*

Band 1: Lasse Los: Im Staunen bin ich frei gesetzt
Gedichte, Lieder, Texte 2001 - Neuauflage 2016 -
BoD Norderstedt *Hörproben auf YouTube*

Band 2: Lasse Los: Verwundert
Heilsames Misslingen - Testlauf in der Kunst des
Scheiterns - Gedichte und Briefe 2001, erweiterte
Neuauflage 2016 - BoD Norderstedt

Band 3: Lasse Los: *R*-AUSGEFLOGEN
Ein bunter Abgesang auf einen Kreuzweg in und aus
der real existierenden Kirche! Texte, Gedichte und
Briefe - erste Version 2001 - erweiterte Neuauflage
2016 - BoD Norderstedt

Band 4: Lasse Los: Seid ihr noch zu retten?
Tiefenökologische und spirituelle Gleichnisse als
Music-Textivals - 2001 - erweiterte Neuauflage
2016 BoD Norderstedt *Hörproben auf YouTube*

Band 5: Lasse Los: Den Umkehr-Blick wagen
Wort-Bilder und Gedichte - Erstauflage 2016
BoD Norderstedt *Hörproben auf YouTube*

Band 6: Lasse Los: ...dennoch JA zum Leben sagen!
Musik-Text-Collagen zu drei bewegenden tragischen
Schicksalen: Gesine Wagner, Etty Hillesum und
Martin Gray - BoD Norderstedt 2016
*Hörproben auf YouTube unter: „Gesine Wagner:
Im Feuer ist mein Leben verbrannt!"*

Band 7: Lasse Los: Der GEIST weh(r)t (sich,) wo er will!
Abgesang im Übergang zum Aufgang - oder: Den
Frommen entkommen - oder: Angewidert abgewandt
Kirchenkritische Gedichte und Texte - Erstauflage 2017
BoD Norderstedt

Band 9: Lasse Los: Jetztseits leben
Jetztseits im Erleben - Jetztseits im Leben - Jetztseits im Leiden, Gedichte und Texte,
BoD Norderstedt 2020

Band 10: Lasse Los: ...da muss doch noch LEBEN ins Leben rein! Liederbuch - 71 Lieder aus drei Jahrzehnten mit Noten und Akkordsymbolen
BoD Norderstedt 2017 *Hörproben auf YouTube unter: „Bevor es zu spät ist!"*

Band 11: Lasse Los:
UMKEHREN oder UMKOMMEN?
Gedichte und Lieder zur aktuellen ökologischen Weltlage - BoD Norderstedt 2020

Band 12: Lasse Los: Worum geht es eigentlich?
Gleichnisgedichte - BoD Norderstedt 2020

Band 13: Lasse Los: Aufgang im Untergang?
LEBEN im Leben, im Sterben und im TOD? UND NUN? Gedichte, Wortbilder, Texte,
BoD Norderstedt 2020

Band 14: Lasse Los: Stillende Stille
Still werden - In Stille sein - Gestillt sein - Stillend sein, Gedichte und Wortbilder,
BoD Norderstedt 2020

Band 15: Lasse Los: Nichts als Worte! ???
Wort-Bild-Galerie - BoD Norderstedt 2020

Band 16: Lasse Los: Kurz und wendig
Aphorismen und Kurzgedichte
BoD Norderstedt 2020

Band 17: Lasse Los: EIS-Zeit - EYES-Zeit – eYES-Zeit
Gedichte und Lieder - BoD Norderstedt 2020